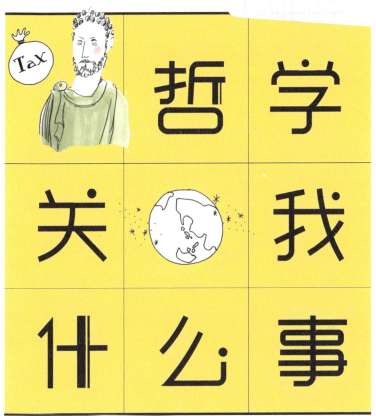

哲学关我什么事

生活中的哲学

[日] 大城信哉◎著
[日] 小川仁志◎审定
廖文斌◎译

北京时代华文书局

图书在版编目（CIP）数据

哲学关我什么事：生活中的哲学 / (日) 大城信哉著, (日) 小川仁志审定；
廖文斌译 .-- 北京：北京时代华文书局, 2016.5
ISBN 978-7-5699-0900-5

Ⅰ.①哲… Ⅱ.①大… ②小… ③廖… Ⅲ.①哲学－通俗读物 Ⅳ.① B-49

中国版本图书馆 CIP 数据核字 (2016) 第 080863 号

北京市版权著作权合同登记号 字：01-2015-8552
GENDAIJIN NO NAYAMI WO SUKKIRI KAISHO SURU
©HITOSHI OGAWA / SHINYA OSHIRO 2013 编集：packet イラスト：camiyama emi
Originally published in Japan in 2013 by SEIBUNDO SHINKOSHA PUBLISHING CO., LTD., TOKYO,
Chinese (Simplified Character only) translation rights arranged
with SEUBUNDO SHINKOSHA PUBLISHING CO., LTD., TOKYO,
through TOHAN CORPORATION,TOKYO,and YOUBOOK AGENCY,CHINA,BEIJING.

哲学关我什么事 ： 生活中的哲学

著　　者 | 【日】大城信哉
审 定 者 | 【日】小川仁志
译　　者 | 廖文斌

出 版 人 | 王训海
选题策划 | 樊艳清
责任编辑 | 樊艳清
装帧设计 | 李尘工作室　迟　稳
责任印制 | 刘　银

出版发行 | 时代出版传媒股份有限公司 http://www.press-mart.com
　　　　　北京时代华文书局 http://www.bjsdsj.com.cn
　　　　　北京市东城区安定门外大街 136 号皇城国际大厦 A 座 8 楼
　　　　　邮编：100011　　电话：010-64267955　64267677
印　　刷 | 固安县京平诚乾印刷有限公司　0316-6170166
　　　　　（如发现印装质量问题，请与印刷厂联系调换）
开　　本 | 880×1230mm　　1/32
印　　张 | 7.25
字　　数 | 180 千字
版　　次 | 2016 年 7 月第 1 版　　2019 年 3 月第 3 次印刷
书　　号 | ISBN 978-7-5699-0900-5

定　　价 | 48.00 元

前　言

不管在哪个时代，预测未来都不是件容易的事。因此，我们总是过着充满不安的每一天。特别是在一个时代即将结束、世间极度混乱的时候，这样的不安就会达到顶点。每当这个时候，人们就会去追求可以依靠的"心灵寄托"。

所谓的学问，其实也是人们所寄望的一种"心灵寄托"。学问被当成能够预测未来、将人们引领至正确道路上的智慧结晶。可是，世上没有能完全预测未来并正确引领人们的学问。就算是看似能透过精密的计算正确预测未来的经济学，实际上也无法顺利地预测一切（若非如此，世上就不会有经济不景气的现象了）。

虽然想要依赖某种东西是人类的天性，但没有学问像是魔法一样拯救我们。那我们到底该怎么办呢？最后的办法就只剩下自己思考了。如果没人能拯救我们，那就只能自己想办法了。我们只能用这种方式找出活路。

在这种时候能派上用场的就是"哲学"。因为哲学是用自己的脑袋思考，探究事物本质的学问。只要能掌握事物的本质，就等于解决了问题。

那么我们该如何学习哲学呢？遗憾的是，就只有在大学才能系统地学习哲学。话虽如此，但那可不是任何人都能办到的事。

因此，接下来能想到的方法就是自己买书来读。不过，这也不是件简单的事。

因为哲学书大都写得艰涩难读。特别是历史上的哲学家们留下的古典著作，即使说其中的内容几乎都让人难以理解也不为过。至于为什么这些哲学家的著作会难以理解呢？其实是因为他们写的时候并不一定是准备写给一般人看的。所以才需要有解说哲学的书。为了在哲学与一般人之间搭起一座桥梁，我以前写了几本解说哲学的书。不过，与它们比起来，里面的图片远比我以前写的其他书籍要丰富许多。

另外，本书和中规中矩的一般解说书不同，是从我们在人生中必定会抱持的疑问作为切入点，详细解说该如何从哲学的角度来思考这些问题。希望您能彻底活用这些图片与内文解说，完全搞懂哲学这门学问。您必须靠自己来决定该如何在这混乱的时代中过活。

作者 小川仁志

目 录

1

为何文科的人也要学习数学？

pythagoras

毕达哥拉斯 公元前 570 年左右

　　据说他出生于古希腊的萨摩斯岛（位于土耳其沿岸，目前仍是希腊领土）。后来移居意大利半岛南部并建立宗教团体（俗称为毕达哥拉斯教团或毕达哥拉斯学派）。虽然这个宗教团体在政治上似乎也有不小的影响力，但却在毕达哥拉斯死后受到打压，散落在希腊各地而失去政治影响力。他对后世的宗教与哲学影响颇深，在柏拉图的思想中亦可窥见其痕迹。可是，由于古代的宗教团体总是禁止对外宣扬教团内部的事，因此我们几乎无法得知教团的详细情况，以及毕达哥拉斯本人的事迹。

　　主要著作：无（不晓得是不是原本就没写过）。

　　难以区别他和他学生的思想。

因为数学不是实用的"工具"，而是与"人性"有关的学问

虽然数学对于科技发达的现代来说是十分重要的学科，但不擅长数学的人并不少。讨厌数学的人应该经常会有"我明明就不打算从事理科的相关工作，为什么还要学习数学呢？"这样的疑问。

没错，不管是谁都需要最低限度的数学知识。我们会在日常生活中使用"年"和"月"这样的单位来区隔并计算时间，而且如果不会算钱的话，可能就连买东西都没办法。就算是几何学，也是让每个人都能在看到不同形状的土地时立刻判断哪一边比较大的一种必要知识。可是，学校里教的数学的难度却远超过在这些用途上的应用范围。

虽然我们目前学到的数学主要是起源于古埃及和美索不达米亚平原，但那原本都是测量术之类的实用知识。可是，古希腊人将实用性摆到一旁，开始针对数学这门学问进行思考。而毕达哥拉斯及其学生的学派就是明确建立这种思想体系的著名团体。"勾股定理"之所以拥有"毕式定理"这个别名，就是因为它是由这个毕达哥拉斯学派发现的定理。在他们的思想中，数学并不只是实用的工具，而是与人性有着深刻关联的学问。

因为研究数学能让人的心灵变得美好

毕达哥拉斯学派并不像是现代的学者集团，而是一种宗教团体。他们相信宇宙中有着肉眼看不见、耳朵听不到的"和谐"，而理解这种和谐就能净化心灵。然后，他们认为数学就是能帮助人们探究这种和谐的学问。那为什么理解宇宙的和谐就能净化心灵呢？还有，为什么数学是能探究这种和谐的学问呢？

比如说，我们可以把想象远方世界这样的行为，想成是把自己的身体留在原地，只让心灵飞到远方的状态。因此，如果我们试着思考宇宙的和谐，我们的心灵就会接近宇宙的和谐。更何况，研究数学时推导出来的答案并不会随着心情和身体状况的不同而改变。因此，比起在脑袋中灵光一现的想法，研究数学能够更加深入且确实地将宇宙的和谐融入我们的心灵。

虽然宇宙中有许多星星循着一定的规律运行，但毕达哥拉斯学派却认为这种天体运行的规律是来自天界的音乐，只是人们无法听见实际的声音罢了。而毕达哥拉斯学派所说的"研究数学"，其实就是用心灵而非耳朵去聆听这种来自天界的音乐。

虽然数学确实是近代科学中不可或缺的学问，但数学绝非只是为了研究科学而存在的学问。研究数学就能理解宇宙的和谐，并让我们的心灵变得更美好。

毕达哥拉斯的思想图

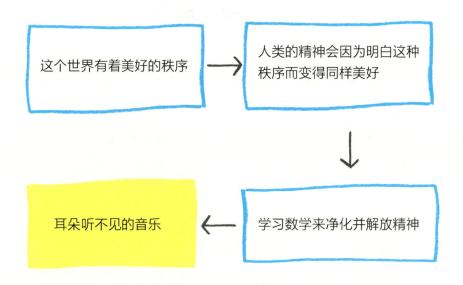

实用的毕达哥拉斯思想

相信"转世"

据说毕达哥拉斯学派相信轮回转世这样的概念，过着严守戒律的共同生活。毕达哥拉斯本人还声称自己拥有前世的记忆，曾经在见到某个人踹狗时对那个人说"那只狗是我朋友的转世，请你不要踢它"。

虽然这句话的意思只是他在那只狗中看见朋友的灵魂，但这种"属于某人的灵魂"的想法在当时可是一种全新的概念（在此之前，人们都把灵魂看成是类似生命力的东西）。灵魂等同于某人本身这种概念也和后面要介绍的苏格拉底有关。

真正的自己是什么?

Socrates

苏格拉底　公元前 469 年左右—公元前 399 年

　　古希腊雅典人。除了为完成当时的市民义务而三度从军之外，一辈子都不曾离开过雅典。从某一时期开始出现在街上，与年轻人进行哲学的问答。虽然很受欢迎，但他也因此成为有名的"怪人"。因为害青年堕落的罪名而被起诉。虽然在审判过程中得到为自己辩护的机会，却无意为自己辩解而一直进行哲学演讲，导致最后被判处死刑。虽然他有机会逃亡，但却平静地接受刑罚，这种行为反而让人觉得可怕。他的一生和死亡被视为哲学家的典范，为后世留下极大的影响。

　　主要著作：无。

　　只能从学生们的记录得知他的思想。

真正的我是自己眼中的我？还是别人眼中的我？

虽然讨厌因为被人欺骗而受害，但也不喜欢靠着做坏事得到利益。不管是谁都应该曾经有过这样的想法。可是，仔细想想就会觉得不可思议。比如说，如果靠着做坏事能让自己得利，那我们应该认为这是一件好事才对。难道我们是因为知道做坏事被发现会受到惩罚，有可能反而让自己蒙受损失，所以才不敢做坏事吗？那么，只要有信心绝对不会被发现，我们就会去做坏事吗？

只要这样一想，我们就会发现"想要做坏事得利的自己和讨厌这么做的自己似乎不是同一个人"这个问题。而且还会进一步想到现在抱着这种想法的自己（自己眼中的我）是真我吗？在意别人评价和惩罚的自己（别人眼中的我）是真我吗？还是说，有一个不同于这两者的真我存在呢？"这样的问题。没错，对于任何人来说，"自己"这样的存在都是暧昧不明的。

据说古希腊的神殿中刻着"认识你自己"这样的话。虽然大多数人都认为这句话的意义只是要人"认清自己的身份"，但苏格拉底却对此做出大胆的解释。他认为所谓的你自己（真我），说不定既不是自己认定的"我"，也不是旁人眼里的"我"。可是，没人知道你自己（真我）到底是什么。而这样的真我才是人们应该努力探究的目标。

苏格拉底将我们应该认识的自己称为"灵魂"，并提倡珍惜灵魂的必要性。如果我们做出卑鄙的事获得利益，纵使表面上的自己确实会因此得利，但自己的灵魂却会有所损失。也就是说，我们天生就能感觉到做出卑鄙的事会伤害自己的灵魂。而这正是我们避免透过卑鄙手段获得利益的原因。

我们之所以在意自己，是为了过更美好的人生

那么，我们为何会知道做卑鄙的事会损害自己的灵魂呢？其实我们并不是知道。只是如此认为而已。因此，我们必须思考这样的想法是否正确。而像这样不断思考的态度正是"哲学"。

不管是谁都会在意自己。这并不是因为我们太过自恋而导致自我意识过剩，而是为了"过更美好的人生"。如果能认识真我，应该就能拥有更美好的人生。所谓的哲学，就是认识自己并且不断追求"更美好人生"的生活方式的别称，而不是一种特定的知识。我们不认识自己灵魂（真我）这件事，就是我们研究哲学的理由。而这样的"无知"和明明知道却误以为自己知道的无知是不一样的。哲学可以说就是为了摆脱"误以为自己知道的无知"，而面对自己的无知并不断探索的一趟旅程。

苏格拉底的思想图

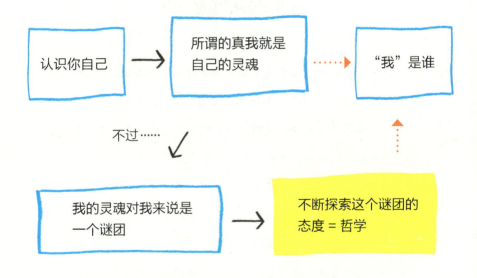

认识你自己 → 所谓的真我就是自己的灵魂 ┈▶ "我"是谁

不过······ ↙

我的灵魂对我来说是一个谜团 → 不断探索这个谜团的态度 = 哲学

实用的苏格拉底思想

只是不断增广见闻就算是丰富人生了吗？

苏格拉底是一个毕生从未踏出故乡的人。如果说到处旅行增广见闻才能丰富人生的话，那么他的人生绝对不算是丰富。可是，苏格拉底的生活方式却告诉我们，只要把握对自己而言真正重要的东西，除此之外的琐碎小事都是无关紧要的。

每当身边的某人比自己读了更多书、看了更多电影、知道更多外国的事情，我们就很容易认定"自己过着比那些人更无趣的人生"。可是，如果我们以苏格拉底的人生为鉴就会发现，就算身边的人们都认为自己过着乏味的人生，但只要能得到自己觉得重要的东西，那么这样的人生就可以算是十分丰富了。

哪一种爱的形式最为幸福？

platon

LOVE

柏拉图 公元前 427 年—公元前 347 年

　　古希腊雅典人。苏格拉底的学生。虽然他因为老师被处死而受到打击，但随后便成立了教育年轻人的学校（这间学校因为所在位置的地名而被称为"Academia"。现代用来表示学校的"Academy"这个单字中也残留着这个名称的影响）。其著作大多是以多位人物进行议论的对话录形式写成，而且其中一位主要出场人物是苏格拉底，所以很难界定哪些部分是属于柏拉图自己的思想。所谓的"柏拉图主义"就是从其中撷取出来的部分内容。柏拉图和苏格拉底一样，均对后世具有极大的影响，甚至还有西方哲学基本上都是柏拉图思想的延伸这样的说法。

　　主要著作：《苏格拉底的申辩》《斐多篇》《飨宴篇》《理想国》《斐德罗篇》等等。

爱总是盲目的

爱是什么? 我们活着时总是会爱着各种人、事、物,像是朋友、爱人、家人、热衷的兴趣、从小生长的故乡,或是因为还未见过而感到憧憬的遥远世界。人活在世上本来就没办法不爱着自己。所谓的活着就是爱着某样事物。只要这么想,是不是就会被束缚着我们的爱的奇妙所吸引呢?

最先思考"爱"这个主题的哲学家就是柏拉图。不过,柏拉图似乎也感觉到爱的奇妙无法用语言直接表达,因此他采用神话般的故事来说明。比如说,过去的人类是现在的两倍大,但却被神分割成两半。因此,只剩下一半的人类才会不断追求自己的另一半。而这就是人类——特别是男人和女人——会被彼此吸引的原因。除此之外,还有坠入爱河的灵魂就像是被两匹烈马不断拉着跑的马车,如果不能好好驾驭这两匹烈马,人的灵魂就会陷入有如被粉碎般的情感之中等等。而这些故事全是用来说明爱的盲目,以及就连自己都无法违抗的爱的强烈冲动。

虽然古希腊神话中的爱神是厄洛斯,但柏拉图著作中的厄洛斯则是一种缺陷精神的体现。这种缺陷精神就是因为自己有着某种缺陷而追求别人的精神。

追求对真理的爱就能让人与人之间的爱也变成理想的爱的形式

可是，柏拉图认为比起男女之间的爱，对于真理的爱更为重要。他之所以这么认为，是因为如果爱是一种填补缺陷的精神，那么就算彼此都有缺陷的两人在一起，也绝对无法填平缺陷。与其这样，那我们倒不如爱上毫无缺陷的永恒真理。而对真理的爱就是为了得到真理而不断追求真理。没错，这就和苏格拉底提倡的不断追求"更美好的人生"的生活方式一样，也就是哲学。爱就是哲学的别名。

那么，人与人之间的爱就是没有多大价值的东西吗？没这回事。又到了他的老师苏格拉底出场的时候了。为了追求智慧，苏格拉底不断地和年轻人们进行问答。因为只有一个人是没办法追求真理的。而他的这种行为表达了一件事，那就是不完美的人们体认到彼此的不完美并一起追求真理，这才是理想的爱的形式。

男女之间的爱之所以常在幻灭之中结束，是因为双方都很容易在对方身上追求完美。可是，在别人身上追求完美是件过于奢求的事。与其如此，倒不如让男女双方或三五好友一起追求同样的目标，就算直到最后都无法达到完美的境界，这样的情谊也会是更为适合人类的爱的形式。

柏拉图的思想图

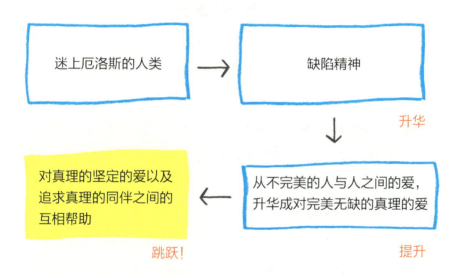

实用的柏拉图思想

柏拉图式爱情的真正意义是什么?

有一个词汇叫做柏拉图式爱情。虽然这不是柏拉图发明的概念,但却有着"柏拉图的爱情"的意义。一般来说都是指男女之间不存在肉体和性爱关系的精神恋爱。可是,与其说这个概念是对于男女之间的肉体关系的一种否定,倒不如说是同样爱着真理的人们彼此之间的一种精神联系。

事实上,在柏拉图创立的学校"Academia"中,对于真理的热爱就凌驾于柏拉图的权威之上,在这学校中学习的年轻人们经常毫不在意地对柏拉图的思想加以批判,而柏拉图本人也鼓励这样的行为。因为这样才能让聚集在学校里的年轻人们学到苏格拉底传承下来的"过更美好的人生"的精神。与其追求彼此的完美,倒不如朝向共同的目标一起努力,这样才能让我们和别人建立起更美好的关系。

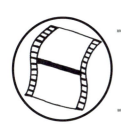

为什么我们会沉迷于看电影和看漫画呢？

Aristoteles

亚里士多德　公元前 384 年—公元前 322 年

　　古希腊殖民地斯塔基拉人。进入位于雅典的柏拉图学校后便开始崭露头角，随后创设了属于自己的学校。还接受马其顿国王的委托，负责教育年轻的亚历山大大帝。不但鼓励人们观察大自然，还建立了有系统的逻辑学。他也因为多方面的成就而被称为"万学之祖"。虽然他也曾写出和柏拉图一样的对话录，但仅有类似课堂讲义般的著作流传下来。论文式的哲学书可以说就是从他带头写起的。他和苏格拉底与柏拉图三人一起对后世产生极大的影响。在中世纪时，"哲学家"几乎就是亚里士多德的代名词。即使到了现代，他的学说在伦理学等领域里也经常被人重新拿来审视研究。

　　主要著作：《物理学》《形而上学》《尼各马可伦理学》《诗学》等等。

繁杂的现实与将其精简化的虚构何者较为简单易懂？

我们身边总是有许多的虚构（Fiction），像是电影、小说、漫画、电视剧等等。为什么尽管我们明白其中每一样都不是真实发生的事，但还是会沉迷于这些东西呢？也就是说，我们一方面追求真实，却又在另一方面追求虚构，这实在是件不可思议的事。

第一个认真思考关于虚构问题的哲学家是亚里士多德的老师柏拉图。他曾对追求有趣的虚构时容易创造出不道德内容一事加以批判。希腊神话里的众神经常会像人类一样做出互相争斗与欺骗这样的恶劣行为，而在故事里描写众神与英雄的恶行，将会使人们失去对于他们的敬意。在现代里也经常听到"漫画和电视剧对教育不好"这样的批判，而柏拉图的批判可以说就是这句话的始祖。

可是柏拉图的学生亚里士多德却在虚构中找到了正面的价值。

理由就在于由各种事件交织而成的复杂现实太过不明确了。现实过于复杂且奇妙，没办法预测将来会发生什么事，只要一点偶然就可能完全改变人生。比如说，现实里就可能发生在职场上偶然遇到小学时坐在隔壁的人并结婚这样的事。可是，对于我们来说，舍弃这些偶然的虚构故事感觉起来反而更像是现实。

这就和想要了解狗这种生物时，与其亲眼看看实际活着的波奇

（译注：日本的常见狗名），倒不如直接查百科全书还要来得更容易理解一样。由于虚构舍弃了现实中的繁杂，直接把故事精简化成作者想要传达的想法，所以比现实更能告诉我们何谓现实。

补偿现实中的缺憾，展现理想中的世界

既然虚构能够告诉我们何谓现实，也就等于能够告诉我们隐藏在现实之中的理想。人们都是过着遵守社会规范的生活。而其中也隐含着好人会得到幸福、坏人会变得不幸的共同认知。但令人遗憾的是，现实中还是会有好人变得不幸这样的事情。任何人都认为现实不应该如此。因此，人们才会去追求虚构。虚构中充满了对现实感到失望的人们的想法，描绘出一个理想中的世界。可是，这样的理想世界并不是我们每天亲眼见到的表面上的现实，而是我们如此深信并追求的世界的真实样貌。

只要这么一想，就算出现喜欢虚构更胜于现实的人，反而会让人觉得这是件极其自然的事。更何况，艺术或许也可以说就是一种虚构。漂亮的绘画和雕刻能让平凡的空间变得美丽，悦耳的声音能让无聊的时间变得丰富。而虚构同样也能让我们生活的现实世界变得简单易懂，展现世界的理想面貌，让世界变得更加美丽且丰富。

亚里士多德的思想图

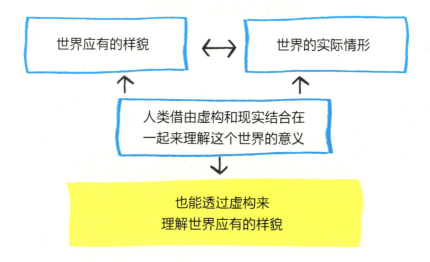

实用的亚里士多德思想

何谓"情感净化（catharsis）"？

在看完电影或漫画后会觉得心情舒畅的现象就叫做"情感净化"。最早为"catharsis"这个名词赋予这种意义的人就是亚里士多德。不过，关于亚里士多德对于这个词汇的严谨定义，至今依然有着好几种不同的学说，但大致上的定义是可以确定的。

一言以蔽之，这个词汇的意思就是"借由接触虚构来洗涤人心"。虽然毕达哥拉斯认为只有理解数学的真理才能净化人心，但接触虚构也具有类似的效果。两者都是借由将繁杂的现实精简化并从中找出美丽的事物来赋予人们生命的意义。虚构和学问一样，都是为了让人们过更美好的人生而存在的东西。

Vol.1 不看场合说话的哲学家

怪人迪奥根尼不被世俗规范束缚的生活方式

提倡不被欲望蒙蔽双眼的生活方式的哲学

哲学在现代通常是指一种漠然的人生观，或是在大学里研究一种专门学问。可是，哲学这个词汇原本的意思却是苏格拉底提倡的一种不断追求真理的生活方式。因此，这里要来介绍一位用自己的生活方式实践哲学的人物。

虽然受到苏格拉底影响的人很多，但由于作为其主流派系的柏拉图及其学生们拥有压倒性的影响力，所以非主流派系的其他人就很容易被人遗忘。可是，除了柏拉图学派之外还有其他的学派。而苏格拉底的信徒安提西尼（公元前 445 年—公元前 365 年）的学生锡诺谱的迪奥根尼（公元前 312 年—公元前 324 年）就是其中一人。

据说安提西尼从苏格拉底身上学到不被欲望蒙蔽双眼的生活方式，而迪奥根尼则贯彻了这样的生活方式。不过，据说他是因为曾经伪造货币才会无法继续待在故乡，所以他年轻时或许有着和其他人一样的欲望（不过，还有一种为他辩论的说法，认为他是为了破坏货币制度这种无聊的世俗规范才会伪造货币）。

连最高当权者都不畏惧的自由生活方式

他过着乞丐般的生活，还曾经被当成奴隶卖掉。当时他被问了"你能做什么事？"这个问题，而他回答"我能当你的主人"。于是他就被喜好独特的有钱人买了下来。可是，由于他后来真的就只会摆架子，所以就被感到厌烦的主人卖掉了。除此之外还有许多关于他的奇闻轶事，像是他曾经对着街上的雕像说："给我些东西"。周围的人见状便问他："为什么你要做这种事？"
而他回答"因为我已经习惯被人忽视了"。总之，他是个相当奇怪的人。

　　"Cynical"这个词汇的意思是"讽刺"，而其由来便是迪奥根尼所属的
学派名称——犬儒学派（Cynical）。Cynical 的原意是"狗"，这是因为迪
奥根尼过着犹如狗一般的生活，才会让他的学派得到这样的名称。不过，由
于"Cynical"这个词汇通常都是表示一种嘲笑愤世嫉俗的人的态度，所以也
有人认为这种名称和反抗权威的迪奥根尼的所作所为正好相反。

　　有一次，当时最有权势的人——亚历山大来到迪奥根尼面前并问他"你
有什么愿望吗？"看了大帝一眼的迪奥根尼却回答："我希望你闪到一边去，
不要挡住我的阳光"。后来大帝说出"我若不是亚历山大，我愿为迪奥根尼"
这样的话。

　　虽然这种狗一般的生活具有不被世俗规范束缚的意义，但如果换成现代
的说法，这就是一种刻意不看场合说话的表现。虽然我们会被认为被人说自
己"不会看场合说话"是一种批评，但迪奥根尼却领悟到太在意那些事情是
多么毫无意义，并且认为这种自由自在的生活方式才是哲学。

出人头地是件好事吗?

Epikouros

伊壁鸠鲁 公元前 341 年左右—公元前 270 年左右

　　他和亚里士多德不同，是城邦失去独立地位的希腊化时代的人。他和毕达哥拉斯一样出生于萨摩斯岛（不过他是雅典市民的儿子）。后来他到雅典买了一座庭园，并开始在那里传授学问。这群人被称为伊壁鸠鲁学派，跟斯多葛学派是竞争关系。这是因为双方都处于城邦崩坏后的年代，而且同样都在思考失去祖国的人们该如何面对人生这个问题。伊壁鸠鲁学派的想法和斯多葛学派的想法一起间接流传到后世，对现代人的人生观也造成了不少影响。

　　主要著作：虽然只剩下一些残缺的片段，但我们可以从书信里得知他的想法。

在工作上取得成功就能得到幸福的人生吗？

想要出人头地。想要充分发挥能力并得到认同，被人托付重要的工作。虽然有时候会很辛苦，但那也是一种人生的价值。这是一种非常容易理解的想法。但是另一方面，同样有人认为工作成果被人赞许只会让工作量增加，对自己一点好处都没有。与其出人头地变成有钱人，然后一天到晚因为工作和钱的事情而烦恼，倒不如学着掌握自己个人的幸福。

那么，您认为那一种生活方式较为幸福呢？认为绝对是后者较为幸福的哲学家就是伊壁鸠鲁。对人而言最重要的事就是自己个人的幸福。伊壁鸠鲁也认为，人们不需要为了得到个人的幸福而设法得到旁人的赞许。因为赞许你的人可能只是要透过赞许你的方式利用你而已。舍弃这种价值观才是聪明的生活方式。伊壁鸠鲁正是因为这样才会提倡"退避"的观念。这样的观念充分展现出他不想受到旁人期待的想法。与其为了别人而努力，倒不如想办法让自己感到快乐。现代人应该都很能理解伊壁鸠鲁的这种想法才对。

伊壁鸠鲁之所以会有这种想法，与他所处的时代背景有很大关系。古希腊时有许多各自独立且名为城邦的都市国家，而人民直接接触政治并肩负着让城邦变得更好的责任。可是，亚历山大大帝征服了希腊，让城邦失去独立的地位，人民也因此失去自己的祖国。

在那之后，人们变得难以接触政治，而个人的人生观便成了哲学的新主题。伊壁鸠鲁的思想正是呼应人们在这种时代之下的需求而出现的一项产物。

不要白白浪费自己的重要人生

现代和伊壁鸠鲁生存的年代很像。虽然我们还有祖国，但却比城邦还要大上许多。现代国家的规模对于个人而言过于庞大，所以很难让人感受到个人对于国家的影响力。只要不是身份特殊的英雄人物，就不会有为了国家而生的感觉。而这正是现代与伊壁鸠鲁生存的希腊化时代的相似之处。因此，比起政治与社会的情势，人们会觉得自身的幸福较为重要也是很自然的事。

所谓的幸福并不是过着别人眼里的有价值的人生，而是让自己的心情感到自在。虽然这种想法听起来有些独善其身，但伊壁鸠鲁并没有要人完全排斥他人的意思。伊壁鸠鲁也经常在自己创立的学院里和志趣相投的学生与朋友们开心地交换意见或是议论。他只是觉得一天到晚在意着陌生人的评价，以及为了不知道是否存在或能否实现的伟大目标耗费重要的人生是件蠢事罢了。伊壁鸠鲁对于"只属于自己的人生"的探讨与想法，对于身处现代的我们也能带来相当多的启发。

伊壁鸠鲁的思想图

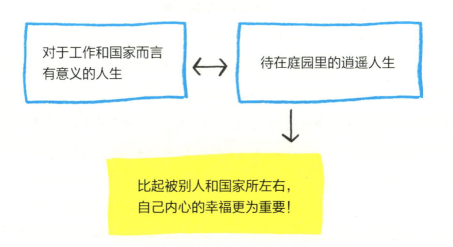

对于工作和国家而言有意义的人生 ↔ 待在庭园里的逍遥人生

比起被别人和国家所左右，自己内心的幸福更为重要！

实用的伊壁鸠鲁

伊壁鸠鲁所推崇的真正快乐是什么？

把自己的心灵愉悦放在一切之上的伊壁鸠鲁哲学被称为快乐主义，而现代也把喜欢美食和性爱的人称为快乐主义者（epicurean）。

但这是一个误解。伊壁鸠鲁本人认为美食和过度的性爱是无趣的东西。因为过度的快乐会对身体造成负担并增加往后的痛苦，结果反而让人生的快乐减少。不管是出人头地得到别人和国家的肯定，还是享受美食并受到异性欢迎，都只是想要被旁人吹捧的一种欲望。而伊壁鸠鲁所推崇的快乐则是舍弃那种欲望之后的心灵平静。庭院之中的小小幸福才是人们应该追求的快乐，过大的目标只不过是幻想罢了。这才是他要教导人们的观念。

人生有目的可言吗？

Marcus Aurelius

马可·奥勒留　公元 121 年—180 年

　　他是古罗马帝政时代的人。出生于罗马，因为被皇帝哈德良看上而成为次期皇帝的养子，之后便继位成为皇帝（第十六代罗马皇帝。在 161 年和义弟一起继位，在 169 年义弟死后成为唯一的皇帝）。他是史上第一位成为最高当权者的哲学家。我们可以从其著作中看出他的内心充满忧愁。虽然自己并不期望，但他还是经常以皇帝的身份踏上战场，最后病死在战场上。他所属的哲学派系被称为斯多葛学派（创始者是季蒂昂的芝诺），和伊壁鸠鲁学派同样影响着现代人的人生观。奥勒留的著作广为流传，抚慰了许多人的心。

　　主要著作：《沉思录》

从没有人能违抗命运这一点来思考

没有人能选择自己的命运。我为什么出生在这个家庭？为什么生于这个时代和这个地区？为什么生为男性（或女性）？如果我生于不同的时代或地区，或是出生在其他家庭的话会如何呢？每个人应该都曾经思考过这个问题才对。这样的命运是不是有着什么样的意义呢？还是说，这根本就没有任何意义？如果命运毫无意义，那你会觉得空虚吗？还是用"我想也是"这样的话来说服自己呢？

如果是伊壁鸠鲁的话，一定会认为与其烦恼这种事，倒不如活在现实之中并享受当下来得聪明。他八成会说在人生之中寻求意义是件蠢事。可是，我们活在现实中的某个场所和某个年代这件事难道真的连一点意义都没有吗？也许这其中有着我们所不知道的意义存在也说不定。

在伊壁鸠鲁活着的时代，有一群哲学家就是这么想的。这群人被称为斯多葛学派。双方明明是在同一个时代中思考同样的问题，但答案却完全相反。伊壁鸠鲁学派喊着"退避"的口号并对担任公职一事感到厌恶，推崇彻底的个人主义。相对的，斯多葛学派的人们尽管身处于城邦瓦解后的时代，也依然将整个宇宙视为一个国家，认为所有人都是自己的同胞。同时他们还崇尚互助合作的精神，要人尽力完成上天赋予自己的使命。斯多葛学派认为在自己被赋予的岗位上努力过活是每一个人的义务。从这样的观点来看，伊壁鸠鲁学派的人就会变成是一群没有尽到自己义务的不负责任的人。

如果活着的目的和世界的意义一致，就不再需要烦恼与迷惘

马可·奥勒留是斯多葛学派最后一代的哲学家，同时也是罗马的皇帝。虽然他身为当时的最高当权者，但还是因为其立场而有许多的烦恼。他在著作中提到人们必须接受自己被赋予的使命。因为他认为人们可以从其中找到人生的意义与目的。这个世界之所以以这样的形式存在，其中一定包含着我们所不明白的意义。人们会因为各种事物而感到欢喜或悲伤，但那是因为我们不明白这个世界的真正意义。如果自己活着的目的与世界的意义一致，那么就算现在活在痛苦之中，也会因为知道那是必要的痛苦而不再难过。这就是马可·奥勒留的想法。

而人心之中与世界的意义一致的部分就是理性。人生的目的是顺着理性过活，而为此就必须学会让自己不被多变的感情所左右。只要像这样将除了理性之外的杂质赶出自己的心，那么人生之中无可避免的烦恼和迷惘也会就此消失。虽然奥勒留的哲学和伊壁鸠鲁一样都是以个人的人生意义与目的为主题，但双方的看法却截然相反。您认为哪一种想法才是正确的呢？

马可·奥勒留的思想图

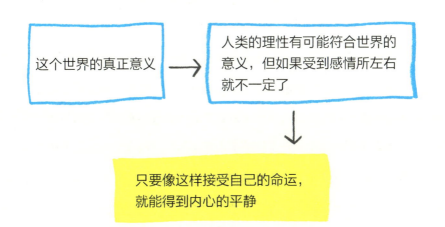

这个世界的真正意义 → 人类的理性有可能符合世界的意义，但如果受到感情所左右就不一定了

↓

只要像这样接受自己的命运，就能得到内心的平静

实用的马可·奥勒留思想

连当时的皇帝都深深着迷的禁欲（stoic）主义

为了达成目的而压抑感情并严格管理自己的态度就称为"禁欲（stoic）"，这是源自于斯多葛学派的词汇。虽然柏拉图和亚里士多德出身名门（伊壁鸠鲁也是能买下庭园的富裕市民），但早期的斯多葛学派中似乎有许多经济不太富裕的人。而在这种背景下诞生的思想，后来却连皇帝都深深为之着迷。这个事实说不定就是不管是处于任何立场的人都会为命运感到烦恼的明证。

不过，虽然早期的斯多葛学派提倡的是借由舍弃感情来获得心灵平静的理论，但马可·奥勒留却是要人学会忍受现实中的各种感情。说不定这是因为有着容易受人羡慕的特殊身份的人，才会更能感受到命运的捉弄并为此烦恼。所以到底是平凡的人生比较好，还是背负重责大任的人生比较好，这个问题实在是值得我们深思。

我们该如何相信未知的人事物？

奥古斯丁 公元 354 年—430 年

　　他是（西）罗马帝国末期的人。出生于北非（现在的阿尔及利亚境内接近突尼西亚的地方），后来前往同样位于北非的罗马殖民地都市迦太基就学。虽然他刚开始学习的是其他学问，但后来却被哲学所吸引，还受到母亲的影响而接受基督教的洗礼。他是早期的基督教神学家，对后世造成非常大的影响，并因此被人们称为圣者。奥古斯丁是一位地位举足轻重的天主教圣者。他的思想融合了柏拉图哲学与基督教神学，具有跨越宗教范畴的强大影响力，还被后人称作"西方的导师"。他还因为身为构想历史哲学的第一人而广为人知。

　　主要著作：《忏悔录》《上帝之城》等等

"相信"是迈向"知道"的必经过程

所谓的"相信"到底是怎么一回事呢？我们每天都会遇到各种不认识的人与不熟悉的事物，并被迫决定是否该相信这些未知的人、事、物。这个人信得过吗？相信这个消息没问题吗？我们经常因为这些问题而感到迷惘。因为相信这件事总是伴随着危险。应该有不少人都曾有过被自己信任的人背叛的经验。既然如此，那所谓的相信到底是怎么一回事呢？还有，相信这件事真的是有必要的吗？

"相信"和"知道"不一样，总是伴随着疑惑。比如说，如果一对情侣只是相信着"对方爱着自己"这件事，那么他们依然会对此感到担忧，想要知道对方的真正心意。可是，一旦他们知道彼此的心意，就没办法再去相信这件事了。因为"相信"和"知道"是不一样的。当朋友被人怀疑时，我们可以选择相信那位朋友。不过，如果那位朋友拥有不在场证明，我们就能在当下得知那位朋友确实无罪，但这并不等于我们相信他。虽然兄弟、朋友和情侣之间的互相信任能让人际关系变得美丽，但这必须建立在人们无法窥视彼此内心或预知未来的前提之下。虽然人们相信神，但知道一切的神却无法相信人。因为相信这件事是无知的人的特权。

第一位在哲学上认真思考"相信"这件事的哲学家就是奥古斯丁。苏格拉底之后的哲学一直都是在追求"知道"这件事。可是，在我们知道某件事情之前，就必须先找出这个还不知道的事情才行。而这种探求的态度就是所谓的相信。因为如果不相信真理存在，我们就不会去寻求真理。寻求真理的人正是因为相信真理才会去寻求真理。只要这么一想，我们就可以说"相信"就是迈向"知道"的必经过程。

如果不敢冒名字为相信的危险，人就不会进步

相信这件事确实总是伴随着危险。可是，如果不敢冒着这样的危险，人们就永远不会进步。如果我们不需要任何新知识，那我们也没有必要相信任何事。可是，我们在人生的过程中总是会有许多不得不知道的事。既然这样，那我们就只能以相信这件事来作为出发点。

"我们到底能不能相信这些未知的人、事、物呢？"

这个问题显示出我们有多么害怕自己所不知道的人、事、物。这样的恐惧并不是过错。因为未知的人、事、物确实可能带来危险。但就算是这样，如果曾经被谎言欺骗捉弄的人，因为害怕遇上同样的事而不再相信别人的话，那么他就再也无法得到更好的知识了。因为如果没有穿越名为相信的黑暗小路，就没办法得到名为知道的美好景致。而这正是人们追求智慧的先决条件。

奥古斯丁的思想图

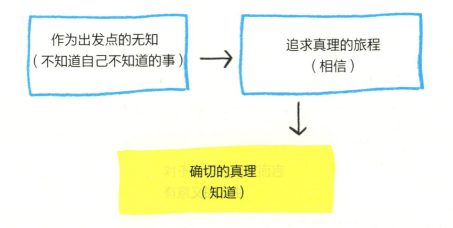

<mark>实用的奥古斯丁思想</mark>

世界上有只需要相信但不需要知道的事情吗?

　　奥古斯丁是奠定西方基督教神学基础的古代最伟大的神学家。他的思想围绕着"相信"这个主题,但其对象并不是人际关系,而是基督教里的上帝。不过,由于他同时也是一名出色的哲学家,所以他的思想也能为没有信仰的人带来相当多的启发。因为在我们的日常生活中,相信别人也是一件非常基本的事。

　　不但如此,我们还不得不去多加思考奥古斯丁所说的"'相信'是迈向'知道'的必经过程"这句话。虽然相爱的两人在相信对方的同时还会抱着想要更加了解对方的愿望,但这样的想法有时候却会成为不幸的开端。不管在任何时候都想要搞懂一切事情,并且只因为这样的理由就轻易相信别人或各种事物,这样的观念是否正确说不定是一个即使在现代也依然无解的问题。

世间的规范是如何制定的？

Thomas Aquinas

托马斯·阿奎那 公元 1225 年—1274 年

　　出生位于意大利南部的西西里王国的阿奎诺地区（"阿奎那"便是阿奎诺人的意思）。在神学盛行的巴黎大学担任神学教授。中世纪欧洲以神学为核心的学术体系称为经院学派，而托马斯便是经院学派的一位大家。相对于以柏拉图哲学来建构基督教神学的奥古斯丁，托马斯则是大量引用亚里士多德哲学来建构融合神学与哲学的庞大学术体系。虽然他的思想在当时并没有被很多人接纳，但后来却成为一种主流思想，现代的罗马天主教教会依然是以托马斯主义作为正统的神学思想。

　　主要著作：《神学大全》《论存在与本质》等等

规范是人类擅自制定还是自然就有的东西？

世间有着许多的规范。国家有法律、学校有校规、职场也有职场的规则。为什么会有这么多的规范呢？到底是谁为了什么原因而制定这样的规范？对于这个问题，自古以来就有两种看法。

第一种看法是人类制定了这些规范。如果就这种看法来思考，这些规范一定会反映出制定者的利益。比如说，打赢战争的国家就会强逼战败国接受对自己国家有利的条约。反过来由弱者制定规范时也是一样。比如说，不得滥用暴力这样的道德观念或许就是由不擅长打架的人想出来的。可是，不管是哪一种情况，都无法说明就连会因为这些规范而吃亏的人也主动遵守规范的理由。

因此才会有这些规范原本就存在于人们内心的想法出现。这就是第二种看法。世间有许多跨时代和跨地区的共通规范，像是不能杀人和不能偷东西等等。只要假设这些共通规范是发自人类内心的自然想法，那么人们会主动遵守这些规范也是理所当然的事情。

托马斯·阿奎那是提倡后者的最具代表性的哲学家之一。他认为"世间的所有规范都是发自人类内心的东西"。托马斯是建立了将学问与神学结合在一起的学术体系的中世纪欧洲人物，他的思想中充满了浓厚的基督教思想。可是，就算我们不是基督教徒，也能从他的哲学中得到许多东西。

只要假设世间存在着自然就有的规范，就有办法和立场不同的人对话

在社会的各种规范中，最为强力的规范就是法律。法律是由国家所制定。也就是说，只要国家做出决定，不管是要制定什么样的法律都行。比如说，就连允许国民随意杀人这样的法律都行。但这样的法律显然不是正确的。也就是说，国家制定法律时必须符合某种前提才行。

于是，托马斯开始思考关于法律之前的法律这个问题。身为基督徒的托马斯认为由上帝决定的规范才是一切规范的根源，因为这样的规范深深刻印在每个人的心中，所以任何人都能对此有着某种程度上的共通理解。而所有人都认同的这种规范便叫做"自然法"。自然法之所以重要，是因为立场不同的人也能认同。由国家制定的法律会和其他国家的利益互相抵触，并可能因此造成双方的纠纷，但自然法却能跨越国境的藩篱。

在我们的生活中也有许多必须为利害关系和价值观不同的人们制定规范的情况。此时如果没有设想一个各种规范的共通基础，就会让制定规范变成互相争夺利益的斗争。如果我们在这时假设自然法存在，就有办法和立场不同的人对话。相信自然法存在的信念是一种能让我们的现实生活变得更好的实用想法。

托马斯·阿奎那的思想图

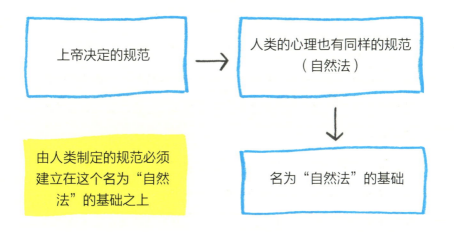

实用的托马斯·阿奎那思想

以自然法的观点来批判并审视人为法

　　虽然托马斯是思考自然法问题的一位重要学者，但其实自然法这样的概念早在他出生之前就已经存在了。苏格拉底和柏拉图所思考的道德便是类似自然法的东西，而自然法这个词汇则是出自斯多葛学派。

　　相对于自然法，由人类制定的法律便叫做"人为法"。在人为法的观念中，由于制定法律的步骤也是由人类所制定，所以只要是遵守该步骤制定而成的法律，不管是什么样的法律都是正当的。以德国纳粹为首，因为太过相信人为法而引发的悲剧在历史上可说是不胜枚举。因为这样，即使是现代的国家，也必须对遵守正确步骤制定而成的法律加以批判并检讨。而批判人为法时的依据便是世上自然就有的共通规范，也就是自然法。正因为人类经常犯错，所以我们才必须假设自己的内心深处有着能够纠正过错的自然规范。

是公司比较重要?
还是员工比较重要?

奥卡姆　公元 1285 年—1347 年或 1349 年

　　他是中世纪欧洲人。出生于英格兰的奥卡姆地区。他的名字其实是威廉，所以应该称呼他为 "奥卡姆的威廉"才对。但通常都是省略他的本名直接称呼他为"奥卡姆"。与其说他是经院学派晚期的代表性哲学家，倒不如说他是导致经院学派逐步瓦解的人物。虽然融合学术与基督教信仰是经院学派的一大特征，但奥卡姆却将这两者严格区分开来，认为双方绝对不可能融合。虽然经院学派本身在那之后一度于 17 世纪盛极一时，但那时却已经不是欧洲唯一的学术体系了。奥卡姆的思想被认为是不同于经院学派的近代学术的一个起点。

　　主要著作：《逻辑大全》等等

真正可以说是实际存在的东西是什么？

假设有一间共有五位员工的公司。虽然我们只能看见这五位员工，但是和其他公司签约做生意的并不是员工个人，而是整间"公司"。就算是顾客直接向这五位员工之一购买商品，我们也不会认为顾客是向员工个人购买商品，而会认为他们是向这家公司购买商品。那么像公司这样的东西是实际存在的吗？还是说，实际存在的就只有这五位员工呢？

让我们看看其他的例子吧。当我们看到太郎与波奇时，心里会想到"这是一条狗"。但是，我们也会发现现实中根本没有既不是太郎也不是波奇的纯粹的"狗"。既然如此，那我们在看到太郎与波奇时会说出"这是一条狗"这种话，难道只是因为这是一种惯例吗？还是说，世界上真的有我们所不知道的"纯粹的狗"存在呢？也就是说，这就延伸出了"真正实际存在的东西到底是什么？"这样的问题。

中世纪欧洲经常议论这样的问题，这就叫做"共相问题"（译注：或是"普遍命题问题"）。先将既不是太郎也不是波奇的"纯粹的狗"视为一种共相，然后针对实际存在的是这种共相还是作为个体的小狗进行议论。当时的常识认为万物都是由上帝所创造，因此人们认为说不定上帝不只创造出太郎和波奇，还在我们看不见的地方创造了有如设计图般的"纯粹的狗"。不过，也有人认为实际存在的事物就只有肉眼可见的个体，而共相只不过是人类脑袋中的概念罢了。奥卡姆就是后者的其中一位代表人物。话虽如此，但奥卡姆并不是认为上帝不存在，只是认为有些事情是人类的理性所无法理解的。因此，虽然奥卡姆可能只是想要强调相信理性无法理解的事物（信仰）的重要性，但对于努力用理性解释宗教教义的当时学术界来说，这种想法却是十分危险的。

"存在"这个词汇的暧昧性

共相问题是创造出近代科学思维的其中一个起点。近代以后的科学认为只有实际看过并经验过的事物才是真正实际存在的事物。只要这么一想，就会发现人们把公司这种看不见的东西当作实际存在的东西的社会习惯其实并不科学。

仔细想想就会发现，就算我们认为公司"存在"，但这样的"存在"其实也是暧昧不明的。虽然我们会在看到办公室和大楼时说这间公司确实"存在"，但建筑物并不等于公司。就算员工从公司离职，他也依然是同一个人，但如果所有员工都从公司离职，那么那间公司就可以说是已经"不存在"了。奥卡姆的思想便是围绕着"存在"这件事的复杂性。

人们隐约觉得把公司看得比人类更重要是不道德且非人道的想法。但其实就连是否"存在"都不确定的公司和组织，根本就没办法与确实存在的员工互相比较。因此，光是就员工是实际存在的事物这一点来看，把员工个人看得比较重要难道不是一种较为自然的想法吗？

奥卡姆的思想图

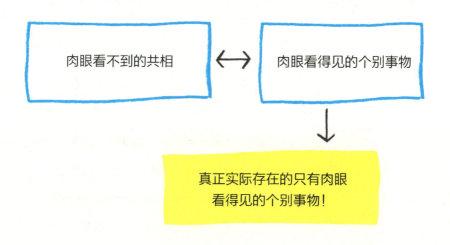

<mark>实用的奥卡姆思想</mark>
"奥卡姆剃刀"与科学

　　有一种叫做"奥卡姆剃刀"的概念。这是一种把不存在的东西视为存在，借以导正人们的错误的观念。从"剃刀"这样的名称来看，我们可能会以为这里说的剃刀是用来剃掉多余胡须的工具，但其实这里的剃刀是指从笔记本上把错误的部分削下来的小刀，也有人认为这种概念比较接近于橡皮擦才对。

　　无论如何，当这种概念被用于科学上时，就是代表假设越少越简单的科学原理越好的意思（就和数学公式的证明越简短越好的意思一样）。虽然这是目前依然适用的一种科学原理概念，但其实奥卡姆本人是为了不让科学侵犯到宗教的领域才会提出这样的概念，而不是为了科学的发展。这是在我们合理思考事情时都必须切记的一种概念。因为不管是思考什么样的问题，能够得到简短的答案都是最好的结果。

Vol.2 没有名留青史的哲学家

中世纪的女性主义者们

被视为异端的哲学家埃克哈特

哲学家通过书籍发表自己的思想。因为书籍上记载着作者的名字，所以我们可以知道这是谁的思想。可是历史上有一群对哲学进行深思却没有留下名字的人。这个专栏就要来思考关于这些没有留下名字的人中的中世纪西方女性神秘主义者的事。

在十三到十四世纪的时候有一个名叫贝居安会的女性宗教团体。虽然它是基督教的其中一派，但却不被教会承认为正统教派，而且她们的思想也和正统教义有所不同。也就是说，她们是所谓的异端。

她们是神秘主义者。所谓的神秘主义者，就是想要以某种方式与上帝合而为一的一种宗教形态。她们是一群名不经传的人，而且女人在当时的社会是远离社会中心的人。由于这样的一群人宣称自己与上帝合而为一会为社会带来动乱，所以教会也对她们感到困扰。

然后，中世纪还有一位知名的神秘主义者——埃克哈特大师（公元1260 年左右到 1328 年左右）。他不光体现了神秘主义，还对哲学有着深刻的思索，因此也算是一位相当重要的哲学家。埃克哈特被教会托付了纠正贝居安会的重责大任。

埃克哈特亲自与她们会面并交谈，还留下以双方的对话为基础写成的著作（虽然不清楚作者是谁，但据说是一位女性），所以我们可以推测出这段谈话的大致情况。

不知名女性逐渐改变了埃克哈特式

在双方的对话的过程中，似乎发生了无知的女性们反过来指导埃克哈特的奇怪状况。因为埃克哈特是位出色的学者，所以当然也纠正了贝居安会的一些误解。可是在对话过程中，他的想法似乎也出现了一些变化。

这是埃克哈特思想特柔软的证据，也是他受人赞扬的其中一个原因。可是，虽然现代学者对埃克哈特做了许多研究，对于他的思想已经有了某种程度的了解，但是对于那些女性神秘主义者，却因为完全没有直接出自她们手笔的著作，而无从得知她们的思想全貌。因此，只赞扬埃克哈特是件有欠公平的事。这些改变了埃克哈特的女性神秘主义者应该也拥有足以对他造成影响的出色的哲学思想才对。也就是说，在埃克哈特的哲学之中必定也潜藏着这些改变他的无名大众的思想。

这种互相影响的关系并不仅限于埃克哈特和这些女性神秘主义者。人们在阅读某人的著作时，都能从中看见作者的思想。可是，这些著作中的思想并不是只有作者本人的思想。‘

在这种互相影响的关系之中，应该也有像是现代作家与编辑那样可以通过调查得知对作者造成影响的人物是谁的情况。可是，我们几乎没有办法用调查的方式找出与作者一同议论的人，以及在不知不觉中给予作者启发的人。但哲学却是这些人共同经营得来的成果。而且，这也是不断与他人议论的苏格拉底所建立的哲学传统。

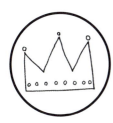

何谓领导力？

尼科洛·马基雅维里　公元 1469 年—1527 年

　　他是中世纪晚期的文艺复兴时期的欧洲人。出生于意大利北部的佛罗伦萨共和国，他本人也曾经参与政治活动。他提倡舍弃道德观的现实主义的政治理论，被认为是近代政治思想的其中一位开创者。马基雅维里主义就是指一种为达目的不择手段的思想，这种思想也被认为是一种权谋术数主义，经常被人当成是残暴支配者的思想。可是，当时的佛罗伦萨共和国只是小国，只能拼命设法不被周围的庞大势力吞并，也因此才会需要这种现实的政治思想。他还留下了许多身为历史学家和创作者的实绩。

　　主要著作：《君主论》

政治所需要的东西是诚实的心还是好的成果？

政治到底是什么？虽然新闻每天都会报导政局和议员的动向，但这就是政治吗？政治原本的意义应该是协调众人的意见才对。议员被选为众人的代表，他们的工作就是协调众人的意见，所以可说是政治的专家。不过，除了这种政治专家们的工作之外，就算只是决定公司、学校，还是小区的清洁工作排班表，只要是需要协调众人意见的事情，就全都可以算是一种政治。

那么对于政治来说什么才是最重要的事情呢？这些政治专家必须谨记在心的事情又是什么？不，就算不是政治专家也一样，负责代表并指挥众人的人，也就是所谓的领袖，又必须具备什么样的条件呢？

在哲学历史上的主流思想，都是以道德的观点去思考政治问题。哲学界认为善人必须怀抱着一颗诚实的心去思考政治问题。因为哲学追求真理，而真理肯定是善的，所以只有诚实的人才有可能寻得真理。因此，哲学界一直认为只有让善人怀抱着诚实的心不断思考，并将得到的真理运用在政治上，才能算是好的政治。

可是，这种做法却一直无法在现实世界中得到好的成果。就算善人怀着一颗诚实的心追求真理，但若是得不到好的成果，那不也是毫无意义吗？相反的，就算让一个不诚实的人担任领袖，但若是能得到好的成果，那不也是件好事吗？于是才会有怀着这种现实的想法的人出现。而其代表人物就是马基雅维里。不过，关于他的思想的评价，直到现在也依然有着相当大的歧异。

舍弃个人的道德观并彻底追求现实政治成果的崭新道德观

马基雅维里认为政治与道德应该彻底分开。政治所需要的东西既不是正义也不是诚实，而是狐狸般的狡诈与狮子般的实力。比起受人敬爱，身为领袖的人更必须受人畏惧才行。不过，如果只是被人厌恶与轻蔑，众人就不会听从领袖的命令，所以领袖表面上仍然必须假扮成一个正直的人，但不需要是一个真正正直的人。正直反而只是一个弱点，对于身为领袖的人来说毫无益处。马基雅维里的这种思想就像是电影或漫画中的黑暗英雄一样。因为这样的形象，所以他得到了许多喜欢这种邪恶魅力的人们的崇拜，他的著作也因此被认为是"每个男人都应该读过一遍的书"。

可是，马基雅维里之所以轻蔑道德，将以恐惧驱策人们的蛮横政治手段视为理想，并不是因为他憧憬这种邪恶的浪漫，而是因为这样才能让现实生活变得更好。他这种"舍弃毫无意义的道德观"的思想并不是单纯为了反道德，而是一种不惜弄脏自己的双手也要负起政治责任的崭新道德观。马基雅维里认为那才是作为一名领袖真正应该具备的特质。

马基雅维里的思想图

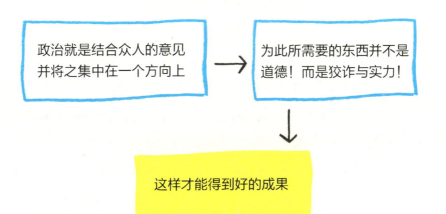

政治就是结合众人的意见并将之集中在一个方向上 → 为此所需要的东西并不是道德！而是狡诈与实力！ → 这样才能得到好的成果

实用的马基雅维里思想

马基雅维里主义是名为"谋略"的崭新道德观吗?

马基雅维里曾经担任佛罗伦萨共和国的官员,实际从事过政治工作。他的工作主要集中在军事与外交上。而以往重视道德的政治观主要都是在思考内政上的问题,由此可以看出马基雅维里的作为与这样的政治观并不相符。可是,马基雅维里所处时代的佛罗伦萨共和国只是个被周遭的大国随意摆布的小国,并非处于可以放心处理国内事务的局面。他之所以重视执政者的狡诈与实力,肯定也是因为他负责处理外交和军事事务,为了让国家存活下来才会需要这样的思想。

由于马基雅维里主义是代表一种可以为了自己的权力而不择手段的态度,所以很容易让人联想到强大的政治权力。但其实马基雅维里只是在一个小国里肩负着重要的政治职务,负责延续这个小国的命脉而已。他这种舍弃个人道德观的思想,也可算得上是一种崭新的道德观。

人为什么会有罪恶感?

马丁·路德　公元 1483 年—1546 年

　　他是中世纪晚期的文艺复兴时期欧洲人，出生于德国东部的萨克森地区。他进入修道院并以学者的身份研究神学。他在那里得到了不同于当时的罗马天主教会的基督教教义。而且他还得知当时的教会假借宗教救济的名义贩卖赎罪卷（赦罪书）赚钱，并因此发函公开质问天主教会。虽然他起初并不想造成教会的分裂，但却因为被罗马天主教会开除教籍而另外成立其他的教派（基督新教），最后造就了席卷整个西方世界的宗教改革。他还因为翻译了德文版的《圣经》，而被认为对近代德文的整合有相当大的贡献。

　　主要著作：《基督徒的自由》

任何人都是因为与除了自己之外的人、事、物有所关连才能形成自我

很多人都会觉得自己对别人有所亏欠，总是被这种不安的情绪所困扰。我是不是还有欠别人的钱没还？我是不是还没完成与某人之间的约定？如果有这种实际的理由，那么会觉得对别人有所亏欠也是理所当然的事。可是，有许多人明明就没有亏欠任何人，却也莫名其妙地觉得有罪恶感。在这种情况下，不管还了多少钱，或是拼命寻找还未完成的约定，也没办法消除这样的不安。

之所以会有这种感觉，是因为任何人都对除了自己之外的人事物有所亏欠。我们都是因为与家人或朋友等亲近的人之间的关系才能形成自我。只有得到旁人的认同，人才会拥有作为"我"的自信。因此，当我们与旁人之间的关系保持安定时，就不会有自我认同上的问题，但如果身旁的人际关系出现问题，我们就会感到不安并自问"我到底是谁"。

十六世纪时的西方世界已经逐渐浮现出近代世界的轮廓了。那是每个人都能实际感受到彼此是不同的人，作为"个人"的自觉逐渐提高的时代。出生在那种时代的路德也不得不去面对这种自我意识的黑暗面。身为虔诚基督徒的路德将这种黑暗面称为"罪"，他还认为因为人没办法阻止自己做自己，所以必须要向除了自己之外的人、事、物寻求救赎。然后他得到了不同于当时的基督教主流思想的结论。而这就是宗教改革的开端。

人越是想要做自己，就越是背叛除了自己之外的某些人、事、物

当时的基督教主流思想认为只有教会中才能有宗教的专家，一般人只能透过这些专家来接触宗教。日本的佛教也是一样。一般人不明白佛经的意义，把所有宗教仪式全都交由和尚来进行。可是，路德把一般人都必须面对的"自我意识"看成是一种宗教问题，认为所有人都必须为此寻求上帝的赦免。

人无论如何都想做自己，而这种行为背叛了本应遵循上帝旨意的原本的自己，让自己变成了不一样的自己。这就是路德所说的"罪"。如果将这种观念扩展到宗教之外，就能得到"人越是想做自己，就越是背叛除了自己之外的某些人、事、物"这样的结论。因此人们光是想要做自己，就不得不对某些人感到亏欠。

我们现代人不同于遵守着习俗和规范过活的古代人和中世纪人，每个人都能选择自己想要的生活方式，并且各自过着不同的人生。人们因为这样而得到选择自己人生的自由，但相对的也会因为过着只属于自己的人生而感到强烈的孤独与不安。在这种时代看出困扰着人们的这种不安的人正是路德。路德的思想不光具有宗教上的意义，还表现出近代人一种精神上的特征。

路德的思想图

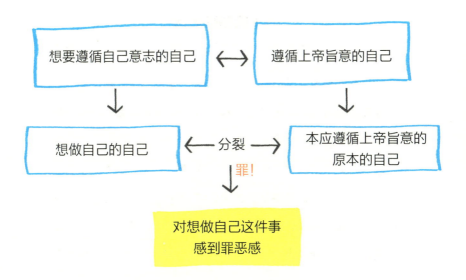

实用的路德思想

值得你托付一切的上帝是什么？

路德把人的自我意识视为一个问题，并为此寻求解决之道。他所面对的这个问题，正是在每个人都必须选择自己生存之道的近代世界所无法避免的问题。

那他是如何解决这个问题的呢？路德认为如果想要做自己这件事是一种罪恶，那么只要信仰上帝，将一切都托付给他并舍弃自我就行了。当人们从自我当中解放时，人们反而会得到自由。即使是在现代，当人们无法自己进行判断时，也会把问题交给身边或职场上的某人或是国家来进行判断。换言之，就是把身边的人们、工作或国家当成是自己的上帝。不过，此时必须注意那个上帝是不是值得托付一切的上帝。您觉得自己的上帝真的是值得托付一切的上帝吗？

为什么人要学习那么多知识呢？

Bacon

弗兰西斯·培根　公元 1561 年—1626 年

　　他是文艺复兴时期英国人，出生于英格兰名门，不但是一位学者，还是一位活跃的政治家。虽然他曾经当到大法官，但因为贪污事件而失去职位。后来他便投身于学术研究。虽然培根对于当时正逐渐萌芽的科学并不是非常了解，但是他要人舍弃先入为主的观念仔细观察现实的思想，却成了近代科学精神的重要方法论。由于他要人充分利用大自然的思想也揭开了科技时代的序幕，所以他和笛卡儿一起被誉为是奠定近代思想的重要人物。此外，他还是一位知名的文学家，在文学上也得到了相当高的评价。

　　主要著作：《新工具论》《学术的伟大复兴》等等

人们到底为何学习？

数学、英文、物理学、生物学、化学、地理、历史——人们在学校里学到了许多知识。我们学到的这些知识绝大多数都只会在学校里面用到。既然如此，那我们为什么必须辛苦学习这些知识呢？而且就算我们离开学校，也还有许多必须学习的事情。不管从事什么样的工作，都必须为了那项工作去学习专业的知识才行。人们一辈子都必须不断学习。可是，动物们就算不去学校上学，也有办法延续自己的生命。那为什么人类没办法像动物那样呢？

许多的哲学家都曾经思考"人类为何寻求知识"这个问题。真要说的话，哲学（Philosophy）这个词汇本身就带有"对于知识的热爱"这样的意思。毕达哥拉斯、苏格拉底和柏拉图都认为了解真理能让人类的灵魂变得更好，亚里士多德则认为"人类是热爱知识的生物"。他们如此提倡的根据，就在于人们总是想要得到更多的见闻。人们追求见闻的行为明显已经超过维持生存的基本需求了。既然如此，那这就表示求知这种行为本身就能为人们带来快乐。这样的想法应该是正确的。因为人类的确是会对各种事物抱持强烈的好奇心。

可是，人们之所以想要追求更多的见闻，会不会真的是因为生存上的需要呢？如果舍弃这样的本性，对于作为一种生物的人类来说是不是本末倒置了呢？而培根就是透过这样的反问，才会重新思考"求知是否是人们维持生存所不可或缺的行为"这个问题。

学习就是先顺从对方，然后反过来支配对方并将之变成自己的助力

关于人类求知的行为，培根所举的例子是关于"自然界"的知识。人类无法改变自然，但可以了解自然。如果了解自然能让我们顺应自然，那不就等于是反过来支配自然了吗？顺应自然就能支配自然。这就是培根的想法。举例来说，这就像是不用强硬的手段命令猛兽，而是借由理解猛兽的性质来加以利用。此时的人类就等于是靠着顺从猛兽性质的方式来支配猛兽。

我们现代人的学习行为也是一样。我们之所以会觉得学习很辛苦，是因为学习时只能处于被动。我们没办法随着自己的喜好改写史实或是创造英文语法。学习时永远只能顺从对方。可是，如果能完全顺从对方并将之加以利用，学习的内容就会成为我们的助力。虽然培根是十七世纪的人，但他的思想后来却成为推动科技进步的基础。我们每一个人都能透过理解自然来活用自然的力量，并透过理解社会来利用社会的机制。培根的思想不就充分展现出人类的这种可能性了吗？

培根的思想图

作为出发点的无知
（人类无法改变自然）

↓

但人类能通过理解的方式
来顺应并支配自然

实用的培根思想

知识就是力量

　　虽然培根没有说过这样的话，但"知识就是力量"这句话却充分展现了他的思想。虽然哲学很容易把求知这件事本身当成是它的目的，但这句话的特征却是把知识视为一种谋生的工具。

　　这是一种广为人知的英国式的学术态度，现代的英美哲学依然展现出比德国和法国哲学还要强烈的重视实践的倾向。不过，支配自然这样的想法到了现代却被认为只是一种傲慢，而这种想法也被认为是造成环境破坏的一个原因，并因此受到批判。

为什么我们必须缴税？

Hobbes

托马斯 · 霍布斯 公元 1588 年—1679 年

　　他是文艺复兴时期（近代初期）的英国哲学家。出生于英格兰。出生时祖国正处于与邻国一触即发的状态，他母亲因为听到西班牙的无敌舰队来袭而受到惊吓才会早产生下他。他是一位以政治权力的恐怖力量作为研究主题的哲学家，经常提起"我随着恐惧一起出生"这个稍嫌夸张的生平事迹。在十七世纪的革命（也就是清教徒革命）时被视为是保皇派分子而不得不逃亡国外（随后归国）。他的主要著作《利维坦》的书名便是将国家比喻为旧约圣经中的怪物。这本书从唯物论的观点谈论国家，是与道德割离后的近代政治哲学的经典著作。

　　主要著作：《利维坦》等等

我们必须缴税是因为我们有国家

"为什么我们一定要被课税呢？"相信应该有许多人都曾经对此感到不满。虽然我们会说自己"被课税"或"缴税"，但其实正确的说法应该是"纳税"才对。不过纳税这个词汇本身带有把收取税金的政府的征税行为合法化的意思，而且还像是要把这样的观点强加给缴税的人民一样，所以或许会有人对此感到不愉快。真是的，为什么我们一定要缴税才行呢？

可是，征税是一个国家的基础。"是否应该征税"这个问题直接等于"是否应该有国家"这个问题。既然如此，那为什么要有国家呢？日本的天皇制也是一样，国家的起源就等于治理国家的众神的故事，大部分的国家都是借由这种神话来正当化国家的统治行为。而站在人们的角度思考国家统治正当性问题的人便是霍布斯。那么霍布斯又是如何思考这个问题的呢？

先想想只有一群人聚在一起的情况吧。因为还没有国家，所以这群人不属于任何国家。他们不用缴税，也不受法律约束，所有人都是自由的。我们可以认为，在这种情况下所有人都能自由自在地快乐生活吗？并不会这样。这就是霍布斯的答案。所有人都自由就等于不晓得有人会做出什么样的事情。因为可以任意使用暴力，所以大家都必须为了保护自己而随时备战。霍布斯认为这是一种万人对万人的战争状态，也是在国家出现之前的人类所处的状态。

没有国家的世界与有国家的世界何者较好？

让我们继续听听霍布斯的说法吧。如果人们随时都处于战争的状态下，就没有人可以松懈下来。因此人们才会订下约定，把自己的自由托付给某人。虽然这个被托付的人支配了所有人，但人们受到其他人的暴力威胁的风险也因此减少了。这就是"国王"的起源，同时也是国王治理的人群，也就是"国家"的起源。如果有人破坏规则，其他人就会和国王一起制裁破坏规则的人。人们就是像这样放弃自己的自由，并得到取而代之的安全。这并不只是借由推测并验证史实而得来的思想，而可说是为了说明为何必须有国家而想出来的崭新神话。但这种神话的特征在于主角并不是国王和诸神，而是被国家支配的人民。

当我们不想缴税的时候，总会以为自己还能像原本一样安全地过生活。可是，如果国家没有税收，就没办法设置警察而变得只能纵容犯罪。比起不得不为了保护自己而随时备战的世界，缴纳税金购买安全要来得更好。这就是霍布斯的思想。请问您比较想生活在哪一种世界里呢？

霍布斯的思想图

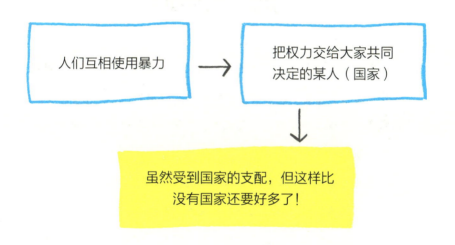

人们互相使用暴力 → 把权力交给大家共同决定的某人（国家）

虽然受到国家的支配，但这样比没有国家还要好多了！

实用的霍布斯思想

"自然状态"会导致什么样的世界？

霍布斯并不认为人们之所以幸福是因为有国家。他之所以把国家比喻为《利维坦》这个神话中的怪物，就是因为霍布斯本人也对国家感到畏惧。但霍布斯还是认为，尽管国家如此恐怖，也比没有国家要来得好。

他把国家出现之前的世界称为"自然状态"。在这种自然状态下，人们会为了保护自己的安全而互相施暴。不过，关于自然状态是否真的会演变成如此悲惨的世界这个问题，学界有着各种不同的见解。后来的洛克便认为自然状态下的世界不会如此悲惨。事实上，在重大灾害发生之后，就算警察机关失去功能，人们也不见得会互相争斗，有时候反而还会彼此帮助。如果自然状态真的出现，我们的世界到底会变成什么样子呢？

怀疑是一件好事还是坏事?

Descartes

勒内·笛卡尔 公元 1596 年—1650 年

　　他是出生于近代法国的哲学家。他在法国进入宗教改革的罗马天主教会学校就读，接受以反对改革的经院学派为基础的教育。他在调和信仰与理性的教育方针下成长，学习宗教战争时代下的最新科学知识。但另一方面，他并没有遵从调和信仰与知识的学校教育方针。他喜欢实在的数学。他以国际上的先进地区——荷兰为起点环游欧洲各地，还接受女王克里斯蒂娜的邀请停留在瑞典，最后死在瑞典。他教导人们不要相信别人告诉自己的知识，应该只相信自己思考得来的知识，而这种想法也被认为是近代哲学的基础。

　　主要著作：《方法论》《形而上学的沉思》等等

在学校里学到的知识有许多值得怀疑的地方

在学校里学到的知识经常无法在社会上实际运用。有些人因此说出"所以学校教的知识完全没用"这样的话。另外，也有人怀疑学校说不定会为了培养出对社会有益的人，而故意教学生一些不正确的知识。因为人们必须互相帮助才能维持社会运作，所以任何人都必须学会互相帮助。虽然我们在学校里学到这个观念，但并不是世界上的所有人都懂得互相帮助。也就是说，学校之所以教我们帮助别人，并不是为了告诉我们真理，反而是为了培养出顺从的人民所说的谎话。这样的想法反而会让人觉得更为合理。

任何人应该都曾经怀疑过世上的这些常理。那如果我们为了不受骗而怀疑一切，最后又能找到什么确切的东西吗？还是说，因为这个世界上充满了不确切的事情，所以我们永远无法停止怀疑，就算想要看清谎言与真实也只是白费力气，倒不如干脆放弃思考来得聪明呢？

笛卡儿活在时局剧烈变化、过去的权威饱受质疑的年代。因此，笛卡儿为了寻求真正确实可靠的真理，而不得不怀疑所有的一切。没错，怀疑其实是一种寻求真理的态度。笛卡儿就是这样不断思考并且怀疑。举例来说，如果担心自己制造的椅子的质量，想要确认它是否坚固时，人们便会试着推挤或敲打这个椅子。因为如果就算想弄坏这个椅子也弄不坏，就可以证明这个椅子确实坚固。但如果小心翼翼地使用这个椅子，我们就永远不知道它是否坚固。同理可证，真正可靠的知识即使受到质疑也绝对无法被人推翻。为了确定某种知识是否可靠，就只能试着提出质疑了。

怀疑可以证明自己的存在

那么笛卡儿在怀疑一切的最后有得到任何确切的真理吗？答案是肯定的。而这个答案同时也是近代思想的起点。

怀疑就是假设以往认为正确无误的事情其实并不正确。举例来说，如果我们怀疑别人，那么就算我们以前认为这个人说的话是真的，也会变得不得不对此感到怀疑。可是，只有一件事情会在我们不断怀疑的过程中变得越来越明确，那就是我们自己的内心。虽然我们没办法确认别人的心里在想些什么，但每个人在怀疑并思考某种事情时，都能得到"自己的心确实存在"的实感。笛卡儿认为只有自己有着一颗怀疑的心这件事是无须怀疑的事，并决定以这种确实可靠的"怀疑的心"去思考一切的问题。

只有怀疑一切才能让人正面接触自己的心灵。换言之，只有透过怀疑才能让人真正成为自己。任何人都必须透过这种方式成为"自己"，这就是重视个人主体性的近代社会的基础思想。

笛卡儿的思想图

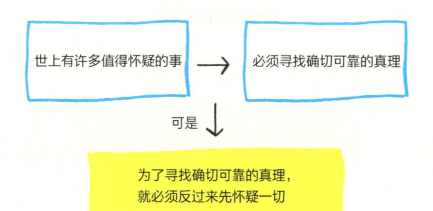

实用的笛卡儿思想
怀疑的方法

笛卡儿认为要得到确切可靠的真理就必须怀疑一切。但这种怀疑和我们在日常生活中自然而然感受到的怀疑是不一样的。自然感受到的怀疑是人们在接触到可疑事物时的一种反应。举例来说，如果有陌生人一直盯着自己的钱包看，任何人都会对那个陌生人感到怀疑。

可是，笛卡儿认为就连不会让人觉得可疑的事物都必须怀疑才行。为了避免遗漏，他还依照顺序整理了所有的事物并逐一加以怀疑，还设定了找出确切可靠的真理这样的目标。而为此就必须事先决定好明确的怀疑规则。这就叫做"怀疑的方法"。而这种方法论也确实可以帮助我们在日常生活中找到确切可靠的事物，不是吗？

为什么人必须工作?

Locke

WORK

约翰·洛克 公元 1632 年—1704 年

近代英国的哲学家。他是继霍布斯之后的著名社会契约论学者，他的社会哲学还被认为是近代社会的构成原理。同样出生于英国的动乱时代，霍布斯因为对外战争和清教徒革命的内乱而展现出生于恐怖年代之人的思想，但洛克却展现出生于光荣革命这个近代民主主义萌芽时代之人的精神，提出了与之相对的极具建设性的思想。不过，近年来也开始有人怀疑他的著作与光荣革命有关的这种说法。他在人类如何获得知识的问题上也有独特的见解，这方面的贡献在哲学史上反而更受到重视。

主要著作：《人类理解论》《政府论》等等

着眼于"财产"这个关键词的洛克

人们到底为什么要工作？动物就不需要工作。还是说，我们应该把鱼类游泳和鸟类飞行这样的行为看成是它们的工作呢？既然这样的话，那么工作与玩乐的差别到底在哪里呢？一般来说，劳动就意味着赚取金钱、贡献社会，或是在社会中确保自己的立场之类的行为。可是，为什么我们要把社会与个人的工作这两件事情放在一起呢？

人们利用共同契约建立国家的思想就称为"社会契约论"，而第一个提出这种思想的人是霍布斯。因为这种思想假设社会刚开始时是不存在的，所以必须要有一个建立社会的理由。霍布斯认为这个理由是为了防止人们彼此之间的暴力行为，而洛克继承了这种社会契约论的思想，但提出了不一样的看法。洛克所关注的重点便是"财产"。

财产就是指某人拥有某样东西，但这样的"拥有"并不等于"使用"。动物也会使用树枝或石块，但却不会思考还没被用到的树枝和石块属于谁这个问题。可是在人类的世界中，就算是无人居住的土地，那块土地也可能会有所有人，而那块土地也会被认为是那位所有人的东西。为什么我们可以认为这种事情是正确的呢？就算是没有任何人使用的东西，我们也会思考"这是谁属于的东西"这样的问题。让人们有这种想法的根据到底是什么呢？这便是洛克思考的问题。

工作就是在不是自己创造的世界中得到"属于自己的东西"

洛克遇到的一个问题就是"工作"。世界上有着原本就对人有用的东西，以及没办法直接派上用场的东西。这是思考财产意义的一项关键。举例来说，当我们用石头压东西时，因为石头原本就是有用的东西，所以这颗石头就不属于任何人。这颗用过的石头可以留给下一个人使用。可是，如果是原本毫无用处的东西，那情况就不是这样了。举例来说，如果一个人把荒废的土地耕作成田地，那么就算那个人没有使用田地了，也应该认为那块田地是属于那个人的东西。也就是说，洛克认为工作就是财产的根据。

洛克关注的这个重点造就了不同于霍布斯的社会契约论。就算没有霍布斯所说的人们彼此之间的暴力行为，这个世界的众多事物也都是某人工作换来的东西。洛克认为因为只要承认这些人的财产所有权就能建立社会的秩序，所以才需要有政府来维持这样的秩序并保护众人的财产，而人们正是为此制定共同契约并建立社会的。

生在现代的我们也会认为只要是用自己的钱买来的东西，即使不用了也依然属于自己。前提是这些钱必须属于自己。由于属于自己的钱必定是自己工作赚来的东西，所以即使是现代也和洛克的理论一样，人们都是透过工作来取得属于自己的东西。也就是说，工作就是在不是自己创造的这个世界中得到"属于自己的东西"。而这种思想即使在现代也依然是社会秩序的基础。

洛克的思想图

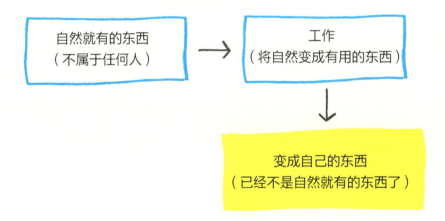

实用的洛克思想
亚当和夏娃的劳动

　　虽然洛克是奠定近代社会观基础的人，但他的思想中依然留有神话式的思维。因为他所认为的自然状态是上帝刚制造出亚当和夏娃并将他们放在伊甸园里的状态。虽然不晓得他是不是真的和文字上的叙述一样相信伊甸园存在，但我们可以肯定的是，他的思想不但具备了合理性，而且还留存着宗教式的思维。

　　不属于任何人的东西就等于是属于上帝的东西。可是，人类因为原罪而被逐出伊甸园。虽然人类因此开始劳动，但这并不全是坏事。因为人类变得可以光明正大地说某样东西是"属于自己的东西"了。亚当和夏娃离开伊甸园并开始劳动，而人类便是在此时自立。只要这么一想，人类堕落并犯下原罪的故事就变成人类自立自强的故事了。所谓的近代，不就是以这层意义上的"人类的自立"为基础吗？

 富人是不是占尽便宜了呢?

Rousseau

让－雅克·卢梭　公元 1712 年—1778 年

　　他是近代法国的哲学家。虽然他出生于日内瓦共和国，但主要活动的地区却是在法国。他是继霍布斯和洛克之后的社会契约论学者，但他认为的社会契约出现之前的自然状态是更为理想的。虽然他因为发明"儿童"这个概念而享誉于世，但也有人批评他其实是个舍弃自己孩子的父亲。可是，关于这件事情，还应该考虑到当时的社会和家庭制度与现代有所不同才对。因为他的思想与法国大革命的精神一致，所以有人认为他对革命造成了相当大的影响。这个观点在现代也已经被人提出来重新探讨。不过，他对二十世纪的社会思想造成了相当大的影响，而且这样的影响还一直延续到了现代。

　　主要著作：《社会契约论》《论人类不平等的起源与基础》等等

富人与其他人的差别是什么？

任何人都能凭着努力得到幸福，只要不断工作就会变成有钱人。恐怕只有小孩子才会相信这种话吧。出生在有钱人家的人占尽便宜，不是出自富裕家庭的人不管如何工作也依然穷困，这个世界根本一点都不公平。笔者认为抱着这种不满的人肯定不是一小部分。

富人与穷人的差别到底在哪里呢？是才能吗？比如说，能成为职棒选手的人肯定是拥有出色才能的人。正是因为能办到普通人无论如何都办不到的特殊事情，所以这些人才会变成富人。只要这么想，我们就能接受这样的差距。

还是说，如果我们照着洛克的想法拼命工作，这样的情况是不是就会改变了呢？如果是政治家肯定会这么说："想变成富人就要努力工作。努力才是世上最重要的事。"可是，如果是在经济不景气的情况下，也有许多人连想要工作都找不到，就算能找到工作，也全都是一些烂工作。只要这么一想，就会觉得我们之所以不是富人，也不能全归咎于因为我们没有才能或是懒惰。

那为什么现实中会出现富人和穷人这样的差别呢？思考这个问题的哲学家就是卢梭。他的思想出发点和洛克相近，但却得到了完全不同的结论。

在社会成立之前，人们曾经是自由且平等的！

卢梭也和霍布斯与洛克一样，认为世界上原本只有个人存在，后来人们才制定社会契约建立社会。霍布斯认为这是为了消除对于暴力的恐惧，洛克认为这是为了认同彼此的财产所有权。卢梭和洛克一样，认为世上的秩序是因为承认彼此的财产所有权才会成立。可是，卢梭的思想在某个重要的关键点上却与洛克有所不同。

在社会成立之前，这个世界肯定是个所有人都自由且平等的乐园。可是，某人在某一天在地上插了一根旗子，大声宣告说这块土地属于自己。其他人们也开始抢夺剩下的土地，擅自主张自己的所有权。于是，大地被画上界线，世界也开始像大国的殖民地那样被分割开来，卢梭认为这种情况就是社会的起源。

也就是说，世间的秩序就和争夺殖民地的大国之间的条约一样。虽然说成秩序比较好听，但其实这只是一种不道德的恶劣协议。如果这种想法正确无误，那么在一开始时订下不利的条约的人的子孙，现在也依然处于不利的情况。所以如果要达到真正的公正，就必须舍弃过往的条约并重新塑造这个世界。卢梭的思想就是如此激进，才会被一部分的人所厌恶。可是，他主张的人人平等这个目标，却对后世的社会思想造成非常大的影响。请问您觉得卢梭的思想如何呢？

卢梭的思想图

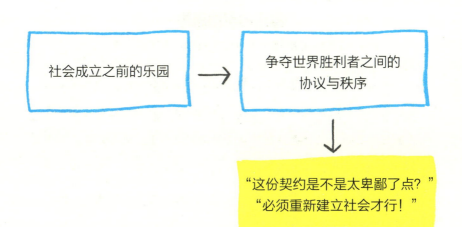

社会成立之前的乐园 → 争夺世界胜利者之间的协议与秩序

"这份契约是不是太卑鄙了点？"
"必须重新建立社会才行！"

实用的卢梭思想

儿童的模样才是人类应有的模样吗?

我们曾经在前面提到洛克的思想不但富有合理性, 而且还是基于伊甸园这样的宗教理念而完成。卢梭认为社会成立之前的世界较为美好的思想, 同样也能隐约窥见伊甸园的影子。他不光是在年代久远的神话之中, 也在现代社会找到了伊甸园的居民。而其中一种人就是未开化民族, 现代社会对文明的厌恶与对原始的憧憬, 便是在卢梭之后才逐渐成形。

另外, 还不明白社会协议的儿童才是真正的人类这样的想法, 也是由卢梭率先提出的。在教育学界中, 卢梭也是"儿童"这个概念的发明人。儿童是纯真的, 相对于儿童, 大人则是污秽的。这种观点也是现代文明的一项特征。往后说不定反而应该发掘"大人"这个概念才对。

 **随心所欲地活着就等于是自由吗？**

伊曼努尔·康德　公元 1724 年—1804 年

　　他是近代德国的哲学家。他出生于过去的普鲁士，目前位于俄罗斯境内的小镇，和苏格拉底一样几乎毕生都不曾踏出故乡一步。他认为人类是透过理性来架构经验，并以此认知"世界"，而世界本来就充满了人类的理性，所以人类才可能理解世界。这种观点也成为当时正逐渐成形的科学世界观的基础。另一方面，这种观点对于道德、宗教和艺术等与科学无关的学问也造成了重大的影响。对于道德思想的影响更是巨大，甚至可以说现代的伦理学基本上就等同于康德或是边沁和密尔的思想。

　　主要著作：《纯粹理性批判》《实践理性批判》等等

虽然每个人都希望自由，但自由到底是什么？

每个人都在忍耐。虽然肚子很饿，但是当同事还在工作的时候，自己也实在是不好意思先去吃饭。就算被上司挖苦，我们也只能笑着听完并适当地应付几句。就算整个小区决定的倒垃圾规矩很麻烦，我们也只能乖乖遵守。不过，还是会有人不愿意遵守规矩。虽然那些人可能也有着不得不忍耐的事，但是在气量狭小的人眼里，就会觉得这种行为非常自由而且令人羡慕。

"自由"这是每个人心中的憧憬。如果能有更多的自由就好了！每个人大概都有这样的想法。可是，所谓的自由到底是什么呢？如果我们肚子饿了就不顾场合直接用餐、看到讨厌的上司就赏他一拳、想把垃圾丢在哪里就丢在哪里，那这样就算得上是自由了吗？认真思考这个问题的人就是康德。

人类有着会突然变得非常暴力而且不晓得会做出什么事情的糟糕特性。只要想到人类陷入恐慌时会在情急之下做出什么事情，我们就更加没办法不认为人类是一种不晓得会做出什么事情的危险生物。如果我们在日常生活中也任由自己的感情摆布，有时候不但会伤害到别人，甚至还会伤害到自己。

可是，潜藏在自己心中的这种糟糕特性并不是真正的自己。反而是压抑着这种特性的理性才是真正的自己。康德抱着这种想法，认为只有理性的胜利才是真正的自由。他觉得任意妄为的人并不是自由的人，只不过是野蛮欲望的奴隶罢了。

真正的自由就是由自己决定自己的正义

康德认为的自由与我们直觉认为的自由有着不小的差异。我们把随意实现自己的欲望叫做"自由"。可是，所谓的自由原本应该是不受其他事物束缚，由自己去决定一切。如果不管旁人怎么说，都能由自己决定自己的正义，那这毫无疑问就是一种"自由"。反过来说，如果把任意妄为的行为当成是自由，就有可能会出现自己与自己为敌的情况。也就是说，康德的问题其实是继承自苏格拉底提出的"真正的自己是什么？"这个问题。

身为现代人的我们经常面对许多的诱惑。只要买下这个产品，您就会变得更加幸福——不管是看电视还是看杂志，广告总是对着我们如此低语。一旦买下那项产品，接着又会看到其他的广告。想要买下这项产品的心情看似是自己的想法，但那说不定其实是想让人浪费钱的恶魔诱惑。只要抛开这样的诱惑并思考真正需要的东西是什么，就能为自己定下规矩并遵守这个规矩，而这才是真正的自由。这就是康德要告诉我们的事情。

伊曼努尔·康德

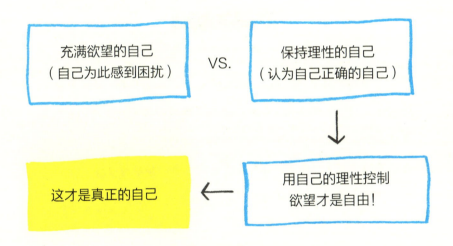

充满欲望的自己
（自己为此感到困扰）

VS.

保持理性的自己
（认为自己正确的自己）

用自己的理性控制
欲望才是自由！

这才是真正的自己

实用的康德思想

不管遇到什么样的事，永远都要 ××！

　　这句话听起来像是相当严厉的命令。"永远都要 ××！不管遇到什么样的事都要这么做！"这就是康德心目中的道德。永远都要这么做就代表连视条件进行判断都是不对的。只要认为一件事情是正确的，不管那会带来坏处还是好处，都必须继续坚持下去。

　　不过，康德思想的独到之处就在于他认为"永远都要 ××！"的 ×× 的部分是可以由每个人自行决定的。不需要顾虑旁人的期待和上司的命令，而是由自己做出决定。康德的道德观看似严厉，但其实是一种蕴含了最大限度的自由的思想。不过，思考康德的说法是否正确，也是康德所提倡的其中一种道德义务。我们可以认为，就连检讨康德的思想是否正确，都是康德要求我们必须去做的事。

只追求快乐是件错事吗?

Bentham

杰里米·边沁 公元 1748 年—1832 年

　　他是近代英国的哲学家，也是社会思想家。他出生于伦敦的富裕家庭。父亲是法律专家，并且希望他也成为法律专家。可是，边沁并没有成为处理法律实务的专家，而是成为思考哪一种法律较好的社会思想家并大为活跃。他思考法律和刑罚到底为何存在的问题，推导出以"让每个人都能感到最多幸福的社会"为目标的功利主义（效益主义）原则，并思考将这种思想用来改革社会的实践方式。这种原则后来也成为现代先进国家的其中一项基本原则。

　　主要著作：《论道德与立法原则》《政府片论》等等

善恶到底是如何决定的?

善恶到底是什么?到底什么是善?什么是恶?而这些善恶又是如何决定的呢?比如说,如果要把吸毒和卖春当成是恶,那这样的判断是不是有着明确的根据呢?还有,我们常说贪图玩乐是不对的行为,但是玩乐比起工作还要能让人感到快乐,那么难道感到快乐是不对的行为吗?难道,快乐本来不是一件好事吗?

您不觉得快乐这个词汇听起来好像隐约给人一种背德的感觉吗?其中一个理由应该是因为这个词汇会让人联想到性爱方面的快乐。那我们又为什么会觉得性爱方面的快乐是不道德的呢?恐怕是因为这种想法中还残留着许多不得违背上帝教诲的旧观念吧。可是,这样的旧观念中肯定包含着不适合现代社会的观念。如果从现代的观点重新审视善恶,不就能找到对我们来说真正理想的社会形态与建构方式了吗?

第一个想到这一点的人就是边沁。其实这样的想法本身在他之前就已经出现了。可是,边沁为了思考什么样的社会才是好社会,而决定先把以往认为是好的,但没有明确根据的宗教教义摆到一旁,然后再来思考社会的问题。他决定以每个人都乐见的、众人都能得到幸福的社会为目标。

为了成就最大幸福的社会，我们可以改善社会！

关于幸福人生的定义不是有着各种不同的看法吗？边沁认为其实让人们觉得心情愉快才是真正的幸福，也就是快乐。他认为快乐是一种罪孽深重的事情的想法只不过是单纯的迷信，而能够实现人们最大幸福的社会才是好的社会。那么我们该如何实现这样的社会呢？

这时就轮到政治和法律出场了。如果国家有着沉重的税赋和严刑峻法，人们就没办法过着自在的生活了，对吧？因为每个人都会选择能让自己得到最多快乐和最少痛苦的生活方式，所以我们可以像这样透过政治和法律来改善社会。反过来说，就算是以往禁止的事情，只要不会妨碍到任何人得到幸福，就应该解除原本的限制。边沁认为只要像这样追求个人与社会之间的平衡就行了。

这种思想就称为"功利主义"。虽然以个人的自由意志为重的康德思想与追求最大幸福社会的边沁思想看似正好相反，但是两者在为近代人类指引前进方向这一点上却是共通的。尽管到了现代，这两种思想依然是一些国家伦理道德的基础。

边沁的思想图

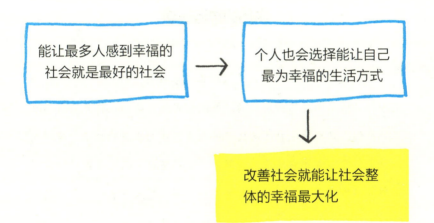

能让最多人感到幸福的
社会就是最好的社会

→

个人也会选择能让自己
最为幸福的生活方式

↓

改善社会就能让社会整
体的幸福最大化

实用的边沁思想

康德的道德观和边沁的思想

虽然康德所想的道德就是人们都能尽到自己的义务，但这样的义务却必须是由自己所决定的。把欲望当成义务的人将无法成为真正的自己，只有决定自己的义务的人才能成为真正的自己。康德的这种思想其实有着它的宗教背景。《新约圣经》的保罗书信中就曾写到，因为做出自己不应该做的选择一事而感到悲叹这一点。其实路德也继承了自己成为自己的敌人这样的想法。

但边沁和他们不一样。这八成是受到英国式的现实主义所影响吧。虽然有人认为边沁的思想是只懂得追求幸福的肤浅人生观，但这样的批判说不定也只是受到陈腐的道德观束缚的产物。边沁不被这种道德观所束缚、光明正大地追求快乐的态度，难道不是一种更为贴近现代的态度吗？

Hegel

G · W · 弗里德里希 · 黑格尔　公元 1770 年—1831 年

　　他是近代德国的哲学家。出生于德国南部（当时是一个邦国）。起初接受神学教育并立志成为牧师，但他对时代的变化也相当敏感，对于法国大革命深有同感，才会以哲学家的身份考察历史的意义。不过，他的哲学体系非常庞大，涵盖了相当多的领域。黑格尔的思想也深受同时代人的欢迎，还有一位哲学家（叔本华）故意把自己的上课时间调整得和黑格尔的上课时间一样，结果却连一个学生都没来。黑格尔的思想在他死后也依然深受人们的欢迎，二十世纪的许多哲学学派都是受到黑格尔影响的人们意见分歧后的产物。

　　主要著作：《精神现象学》《法哲学原理》等等

人们永无止境的欲望是一种坏事吗？

比如说，就算人们已经拥有汽车，但是看到新型汽车的广告时，还是会想要得到这种新型汽车。不管是智能型手机还是衣服，每当推出最新款式的时候，还是会有许多人被这些新产品所吸引。明明手边的东西就能满足我们的需要，但为什么我们还是会想要其他的东西呢？不光是财物，就连男女关系也是一样。明明已经有女朋友（男朋友），但是在街上看到出色的异性时，我们还是会忍不住多看几眼。每个人应该都有过这种经验才对。天啊！为什么人类会如此花心，看到什么东西都想要呢？

人类的欲望永无止境，很少会有满足基本需要后就不再贪求更多的情况。源自英国的经济学思想以肯定的态度看待这种欲望。个人为了自己满足的欲望而工作，就结果来说对于众人也是有益的。虽然这种思想是以洛克的思想为基础，但除了财产和劳动之外，其中还加入了竞争这项元素。只要竞争符合公平的原则，那么个人为了达成让自己赚钱的目的，就会导致商品变得更好、更便宜的结果。因此，这种经济学思想认为欲望的存在是一件好事。撷取这种思想并深入探讨其根源而建构出独到思想的人正是黑格尔。真要说的话，为什么人类的欲望会永无止境呢？虽然洛克认为人打从一开始就是作为一个个人而存在，但黑格尔却不这么想。因为个人必须置身在社会之中才会成为个人，而且每个人都是在得到名字之后才会成为"自己"。而"个人"必须如此形成正是人们拥有永无止境的欲望的原因。

历史是神以人的身份在这块大地上实际展现的过程！

人们在刚出生时还不是任何人。只有在社会之中被人定位，才会成为和其他人有所区别的个人。但这也等于是被限定为一个个人。比如说，如果你这个个人是男性，那你就不会是女性；如果你是日本人，那你就不会是美国人；如果你是前田先生，那你就不会是木村先生。成为一个个人就等于是接受这样的限定。

可是，人们的内心深处还留有尚未被限定时的想法，才会追求不被限定的全知全能。这就是人们永无止境的欲望的真面目。因此，欲望的终极意义就是追求无限和永恒。其实黑格尔认为所谓的历史就是神在这块大地上实际展现的过程，并把近代社会的出现视为这个过程的完结。如此一来，人们之所以有着永无止境的欲望，就是因为人们原本就属于拥有无限力量的神的一部分。

不管是想要住在比别人大的房子或穿上流行衣服向人炫耀这样的低俗欲望，还是不断对各种事物移情别恋的可悲本性，其本质都是人们为了确认自己是神的一种表现。

黑格尔的思想图

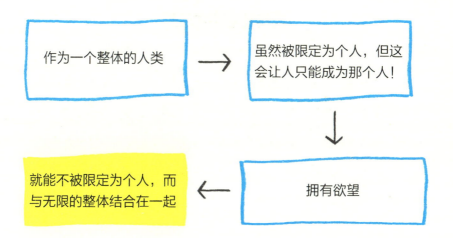

作为一个整体的人类 → 虽然被限定为个人，但这会让人只能成为那个人！

就能不被限定为个人，而与无限的整体结合在一起 ← 拥有欲望

实用的黑格尔思想

自由和平等是一样的吗？还是互相冲突的呢？

"自由"是哲学中最重要的一个关键词。哲学不断思考着"自由是什么？"这个问题。如果自由就是为所欲为，那么自由就与"平等"互相冲突了。但黑格尔并不这么认为。因为他不认为个人从一开始就是个人。他认为人类的平等性受到限定而造就了个人，而个人则透过欲望再次与整体结合。然后，只有在与整个社会完全一致的最后，我们才能说自己得到了真正的自由。也就是说，黑格尔认为平等才是自由。

如此看来，任意妄为的人其实并不自由，而这种思想也和康德的思想有所重叠。虽然之后还会介绍密尔和克尔凯郭尔等人的各种自由观，但黑格尔的自由观却是思考这些自由观时最为重要的一个观念。

不管是要喝酒还是抽烟都是我的自由吧？

约翰·斯图尔特·密尔 公元 1806 年—1873 年

他是近代英国的哲学家，也是一名经济学家。他出生于伦敦，是同为哲学家兼经济学家的詹姆斯·密尔的儿子。父亲对他施加了严格的幼年教育，使他在孩童时代就有着非常良好的教养。他很早就受到边沁的影响，年轻时也曾经对人生感到迷惘，还曾经疑似有过一段不伦之恋。而他重视边沁的功利主义所欠缺的自由的态度，或许正是源自于这样的经验。密尔的思想基本上继承自边沁，却又有着独特的架构，对先进国家造成了非常深远的影响。

主要著作：《论自由》《穆勒名学》等等

社会应该容忍个人的自由到什么地步？

如果别人提醒自己"烟酒对人体有害，你应该戒掉这些东西"，应该有不少人会产生"那是我的自由，请不要多管闲事"这样的想法吧。可是，如此提醒的人也是出于善意才会这么说，而且这种说法说不定还有医学上的根据。另外，因为二手烟会危害到他人的健康，所以也有人认为不能因为个人的自由就随意抽烟。那如果能够证明烟酒真的对人体有害，我们是不是就应该照着别人的意见戒掉烟酒呢？

这反映了社会应该容忍个人的自由到什么地步的问题。虽然康德认为只有控制自己的欲望才算是真正的自由，但是当人们做出某些事情时，旁人却无法得知他们是出于欲望还是义务才会这么做。因此，在我们思考社会应该容忍个人的自由到什么地步这个问题时，这种区别方式其实并没有太大的意义。那我们该如何找出个人与社会之间的理想关系呢？

彻底思考这个问题的人便是密尔。他的思想基本上是和边沁一样的功利主义思想。也就是不以宗教或传统的善恶观念来决定好坏，而是以能让人们感到幸福的社会为目标。只不过，边沁并没有考虑到每个人对于幸福的感受都不一样。他是以"讨厌疼痛"这种看似每个人都一致的基准来追求社会的最大幸福。而密尔则加入了"每个人的好恶都有所不同"这样的尺度。

被迫接受别人意见的情况越少越好

社会应该容忍个人的自由到什么地步这个问题，反过来看就等于是社会应该在什么样的场合下限制个人言行的问题。不管自由有多么可贵，都没有人会容忍强盗的自由和杀人的自由。那么喝酒、抽烟和偷情又如何呢？卖春和吸毒又如何呢？没错，人们对于某些事情的看法是因人而异的。

可是，意见不同这件事情本身是建立在个人拥有思想自由这个前提之上。而且因为对于事情的看法本来就是因人而异的，所以强迫他人接受别人的想法这种事情应该越少越好。这就是密尔的想法。因此，他认为无论如何都必须要限制的事情，就只有会直接危害到他人的事情。因为任何人都没有危害他人的自由。反过来说，只要是没有违背这个限制的事情，就应该交给人们自行判断。

在我们居住的社会中，经常会有人试着教导不喜欢交际的人与人交际的乐趣，或是为了避免众人感到不愉快而试着统一所有人的意见。密尔认为这种出自善意强迫他人接受某种道德思想和人生观的行为才是一种野蛮的行为。请想想，您希望自己有多大的自由，又能容忍别人的自由到什么样的地步呢？

密尔的思想图

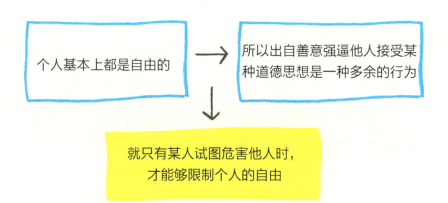

个人基本上都是自由的 → 所以出自善意强逼他人接受某种道德思想是一种多余的行为

就只有某人试图危害他人时，才能够限制个人的自由

实用的密尔思想
人有愚蠢的权利

　　密尔认为每个人的想法都不同，只要不会危害到他人，就有实践自己想法的自由。因此，可以想见B先生有可能会做出在A先生眼里非常愚蠢的行为。当然，密尔认为这是B先生的自由。也就是说，他认为人有做出别人眼里的蠢事的自由。与其说这是做蠢事的自由，倒不说这是人有自己决定什么才是蠢事的自由。因为就算A先生觉得那种行为非常愚蠢，但B先生也不会觉得自己的行为愚蠢。

　　举例来说，有些人会把自己的所有财产全部捐出去，或是故意在冬天跑去爬山。可是，密尔并不认为别人需要对这种愚蠢行为负责。如果某人在冬天跑去爬山结果罹难了，那这就是他本人的责任。我们必须记得做蠢事的权利也伴随着沉重的责任才行。

Vol.3 难道只有事物的表象才重要吗?

从性别差异来思考
不同于正义的另一种伦理

男性在道德上是优于女性的吗?

在上期的专栏中,我们提到了默默无闻的中世纪神秘主义者改变了著名哲学家的故事,历史上其实应该有非常多类似这样的事。因为抱有神秘主义思想的人并不是只有贝居安会而已。除了她们之外,还有其他同样远离社会核心并倡导正义的女性神秘主义者。

虽然密尔是最早指出男性和女性在社会地位上不平等的其中一位哲学家,但据说这是因为受到他妻子的影响。并不是只有在研究中世纪的时候才需要听取隐藏在事物表象底下的另一种声音,因此这个专栏要来介绍一个更接近现代的案例。

发展心理学曾经提出男性在理性与道德方面都胜过女性的研究报告。这是利用道德困境进行的研究。所谓的道德困境,就是像"没钱拯救病人时是不是应该偷钱买药给病人呢?"这样,不管做出什么选择都会违背道德观念的问题。

利用这样的案例问题让孩子们思考该如何抉择后,男孩子表现出以某种基准思考并做出明确判断的强烈倾向。另一方面,女孩子则表现出不晓得该如何判断,或是配合旁人意见的强烈倾向。因为这项测验还会询问受测试者做出判断的基准,所以当时得到了无法说出判断基准的女孩子的道德思考能力比较弱的结论。

属于男孩子的伦理与女孩子的伦理

虽然这项研究只是提出某种事实和倾向的科学研究，但同时也提出一个哲学和伦理学上的问题。因为这让"设定一个明确的道德基准这个前提是否正确"这个新问题浮上台面了。提出这个问题的人是一位名叫卡罗尔·吉利根（公元 1936 年—）的女性学者。

吉利根不但是发展心理学家，同时也是一名伦理学家。她看到这项研究结果后，提出应该区分两种伦理的建议。吉利根把以正义为基准的明确伦理称为"正义伦理"，另一方面，她还认同配合他人与关怀他人的行为的伦理性，将这种伦理命名为"关怀伦理"。

当然，先前的研究成果中出现的性别差异只是一种倾向，这并不表示男孩子永远都会选择正义，女孩子永远都会选择关怀。因此，吉利根认为只以一种基准就认定男孩子较富道德心的观点是一种偏见。因为她所提出的这个新观念，以往以正义为基准看待历史和社会的观点也不得不跟着重新受到批判。

现在，关怀伦理也成为道德中的重要一面并广为人知。举例来说，医院和福利社设施里的看护伦理就无法只用正义来说明。但也有批评这种观念的人认为，将关怀视为女性的伦理只是用以往的女性观念束缚女性。可是，对于关怀的重视肯定也会帮助我们对人类有更深一层的认识。

个性是什么？改变是好事吗？

Darwin

查理·达尔文 公元 1809 年—1882 年

　　他是近代英国的自然哲学家，也是一名科学家。他是在思想自由的家庭里长大。他起初是学习医学，但过程并不顺利，于是又为了成为牧师而学习神学。但这或许是因为他花了许多时间研究自己感兴趣的博物学。他还曾经搭乘军舰到处测量南美和南太平洋的岛屿，并因此接触到加拉巴哥群岛上的多样化生物。这就是著名的小猎犬号之旅。为了探讨能够说明这种生物多样性的理论，他才会得到物竞天择与适者生存的答案。虽然进化论本身并不是达尔文独创的理论，但他的思想却是进化论的代表思想，并引起包含宗教界的驳斥在内的绝大回响，对于后世也留下相当深远的影响。

　　主要著作：《物种起源》《小猎犬号之旅》等等

有个性到底是怎么一回事？

您会不会经常想让自己成为一个有个性的人呢？个性才是最重要的事。这对于现代社会的人来说已经几乎可以算是一种信仰，许多人都追求着属于自己的"个性"。可是，如果想让自己一直充满个性，就必须耗费相当多的努力。某些人肯定曾经有过为了追求个性而把自己搞得心力交瘁的经验。难道我们非得为了追求个性而做到这种地步不可吗？

真要说的话，所谓的"个性"到底是什么呢？其中一个常见的答案是"与周围的人有所不同"。可是，如果有一个人努力想让自己变得更有男人味（女人味），就必须让自己与充满男人味（女人味）这个目标保持一致。没错，拥有个性就等于是努力让自己一直与目标保持一致。也就是说，"我"必须一直和我自己保持一致才行。这就等于是否定了改变的可能性。

说到达尔文，我们都知道他是一名提倡进化论的知名博物学家。也许有人会觉得他在哲学书里出现是件很奇怪的事。可是，达尔文的思想与柏拉图和亚里士多德的思想其实相差不远，是一种非常符合哲学传统的思想。柏拉图认为我们能够从"事物"的形体看到其本质。另一方面，亚里士多德却认为是潜藏在"事物"之中的力量决定了事物的形体。换句话说，柏拉图的思想是一种设计的思想，而亚里士多德的思想是一种生物的思想。虽然人造物的形体打从一开始就已经决定，但生物就不是这样了。举例来说，种子之所以会发芽长成花朵，就是因为潜藏在种子内部的力量。达尔文的思想可说是承袭自亚里士多德并继续延伸而来的思想。

坚持个性就等于是被过去所束缚

生物的世界是多样化的。最早注意到这种多样化的人就是亚里士多德。可是，尽管生物有着各式各样的生态，但其目的都只有一个，那就是生存。生物多样化的形体就代表世上有着多样化的生存方式。不过，亚里士多德的思想有着高等生物和下等生物的区别，并把人类视为生物的顶点。但达尔文打破了这样的区别，认为各种生物都是为了在与其他生物的竞争中生存下来而不断改变形体。这就是达尔文的进化论。

因为我们人类也是生物，所以生存才是我们本来的目的。既然如此，那我们根本没有理由不为了生存而改变自己。如果我们认为拥有个性最为重要，就等于是放弃了生存这个原本的目的。生物永无休止的进化就象征着生物对于生存的执着。身为人类的我们与其坚持"个性"让自己难以生存于当下，倒不如放弃那样的坚持，配合时代不断改变。这对于作为一种生物的我们来说难道不是一种比较健全的生活方式吗？

达尔文的思想图

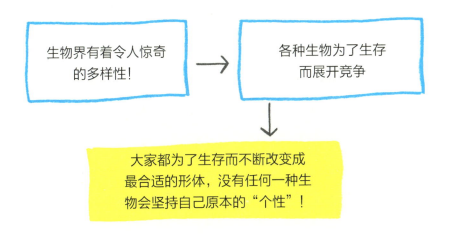

生物界有着令人惊奇的多样性！ → 各种生物为了生存而展开竞争

大家都为了生存而不断改变成最合适的形体，没有任何一种生物会坚持自己原本的"个性"！

实用的达尔文思想

形体与力量的思想史

本文中也有提到，柏拉图认为事物的形体就等同于事物的本质。人们之所以坚持保有自己的个性，恐怕就是因为自己也在无意识的情况下认定自己的形体就是自己的本质。这种思想在哲学史中曾经是主流。苏格拉底和康德所思考的"真我"其实也是一种"形体"。

不过，在达尔文生存的时代中，德国文学家歌德（公元1749年—1832年）也和达尔文一样认为形体是"力量"互相竞争的结果。这种思想后来也被尼采所继承。如果选择以苏格拉底和柏拉图的想法来思考自己的形体，或是选择以歌德、达尔文和尼采的想法来思考自己的形体，我们的人生观是不是也会跟着改变呢？

为什么人会受到诱惑?

索伦·克尔凯郭尔　公元 1813 年—1855 年

　　他是近代丹麦的宗教思想家，也是一名哲学家。虽然父亲出身
贫穷，但却靠着经商而致富，让克尔凯郭尔本人在富足的生活环境
下长大。但他因为得知父亲年轻时曾经诅咒上帝而大受打击。他父
亲本人似乎对于这种富裕生活感到不安。虽然克尔凯郭尔后来与人
订下婚约，却又突然在某一天单方面解除婚约。尽管如此，他依然
一辈子爱着对方，而这样的感情关系也让旁人难以理解。这个事件
的经过也被报导在杂志上并引起争论。他晚年则因为批评世俗化的
教会而引起论战。他的许多著作都是以笔名写成，还假装成是出自
他人的手笔。他复杂的人格特质导致了其思想的独特深度，现代人
也能从中得到许多启发。

　　主要著作：《致死的疾病》《恐惧与颤栗》等等

任何人都会因为诱惑而摇摆不定

人们有着容易受到诱惑的糟糕特性。不管在什么样的公司里上班，也总是会觉得还有更好的公司；住在乡下里的人会觉得都市比较好，而住在都市里的人则会觉得乡下比较好。人们的心总是摇摆不定。更让人困扰的是，就算好不容易交到不错的女朋友（男朋友），也还是会觉得总有一天会有更好的女人（男人）出现，而无法拒绝各种甜蜜的诱惑。为什么我们会这么容易受到诱惑呢？

动物的世界中应该就没有这样的诱惑了吧？虽然伊索寓言的故事里经常出现这种场面，但现实中的鸟并不会觉得鱼的生活比较好，鱼也不会羡慕鸟的生活。因此，就算想要诱惑鸟或是鱼也只是白费力气。看来就只有人类的世界中才会出现受到诱惑而心情摇摆不定的情况。可是，这到底是为什么呢？

北欧的宗教思想家克尔凯郭尔是存在主义思想的其中一位创始人，他探讨了自己独特的人生经验。然后，他也因为自己"独特的人生经验"而开始思考关于不安与诱惑的问题。

所谓的诱惑，就是被某种更好的事物所吸引。因此，一旦人受到诱惑，就会去注意到底有什么样的好事。可是，克尔凯郭尔的思考重点在其他的地方。所谓的诱惑，就是我们对于自己现有的一切感到不安的一种表现。我们不是因为看到更有魅力的事物而摇摆不定，而是因为自己目前所处的状态不安定而摇摆不定。

不安就是自由的后遗症，而这种不安会带来诱惑

虽然思考的角度不同于康德和密尔，但克尔凯郭尔也思考了关于自由的问题。克尔凯郭尔所认为的自由就是目前的状态出现变化的可能性。换言之，就是任何人都不可能完全满足于现况的意思。以动物来说，鱼就是鱼，鸟就是鸟，绝对不可能会变成其他的东西，但人类却能拥有各式各样的生活方式。虽然这就是自由，但同时也会带来自我定位模糊的不安。事实上，克尔凯郭尔就曾经说过"不安就是自由的后遗症"这句话。

这种不安才是让我们受到诱惑的原因。不管我们过着什么样的生活，也永远拥有过其他生活的可能性，在这层意义上我们都是自由的。反过来说，就是因为知道自己有可能过不同于现在的其他生活，我们才会感到不安。因为这样，我们才会对来自当前生活之外的某些事物的诱惑如此敏感。而这并不是因为这些诱惑太有吸引力和魅力。

虽然受到诱惑的人只不过是出于自己的自由意志舍弃现况并选择不一样的人生，但就算他们得到了崭新的人生，恐怕也还是会不断受到来自其他事物的诱惑吧。尽管如此，不断接触这些诱惑并选择自己想要的人生，不就是过自己的人生这件事的真正意义吗？

克尔凯郭尔的思想图

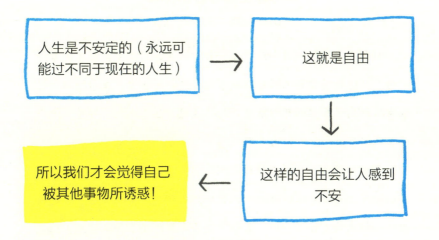

人生是不安定的（永远可能过不同于现在的人生） → 这就是自由

↓

所以我们才会觉得自己被其他事物所诱惑！ ← 这样的自由会让人感到不安

实用的克尔凯郭尔思想

"我就是我"的真正含义

任何人都有可能过与现在不一样的人生，所以才会被其他事物所诱惑。这种思想和黑格尔有些雷同之处。事实上，克尔凯郭尔就是在接触到黑格尔的哲学后才开始认真思考这个问题。可是，他们两人之间有着一个重大的差别。

黑格尔认为个人必须透过欲望才能再次回归到"人类"这个整体，相对于此，克尔凯郭尔却认为任何人都只能是他自己。这是因为两人的宗教观并不相同，黑格尔认为人群体现了神的意志，但克尔凯郭尔却认为就是因为人类有限才会追求神。不管人类如何改变都只会是他自己。这才是"我就是我"这句话的真正含义。

为什么人会想要钱?

Marx

卡尔·马克思 公元 1818 年—1883 年

他是近代德国的哲学家、经济学家兼政治思想家，也是马克思主义的创始人。他出生于普鲁士的都会区。虽然是犹太人，但是他身为律师的父亲却因为社会地位的缘故而改信基督教。虽然他在大学里专攻法律，但却意外接触到黑格尔激进派的思想，开始学习哲学与历史并成为一名反体制派的新闻记者。他还结识弗里德里希·恩格斯（公元 1820 年—1895 年），一同完成基于唯物论的历史观和科学式的社会主义理论。这就是对 20 世纪的思想与现代社会造成巨大影响的马克思主义。他因为政治因素而在各国流亡，最后逝世于伦敦。

主要著作：《资本论》《德意志意识形态》等等

金钱就是以"东西"的形态实际成形的社会机制

我想要钱！而且越多越好！这是一种非常理所当然的想法，说不定根本没有人会觉得这是需要怀疑的事。想要钱这样的欲望就是如此理所当然。可是，为什么人们会想要钱呢？

动物就没有对金钱的欲望。另外，因为各个国家所使用的货币都不同，所以对我们来说非常重要的钱，也没办法在其他国家中直接使用。只要没有值得信赖的货币兑换系统，就算拿到外国的钱也毫无意义。也就是说，金钱是各个国家所设计的一种人工制度。真要说的话，国家本来就是人工的产物（明确指出这一点的人是霍布斯和卢梭这些社会契约论学者），而金钱的特征就在于它是可以亲手触摸到的"东西"。

也就是说，金钱就是让我们的社会机制和规范不再只是单纯的契约，而以具体的形态实际成形的"东西"。那么这样的社会机制又是什么呢？思考这个问题的人就是马克思。虽然马克思是以实现平等社会为目标的社会活动家，但他同时也是教导人们了解现实社会的哲学家。

马克思的思想是以黑格尔的哲学为基础。那是一种认为人类虽然被限定为个人，但却可以透过欲望和整体连接在一起的思想。当人们透过欲望与整体连接在一起时，以具体的形态实际成形的"东西"就是金钱。

一旦社会出现矛盾，金钱就会失去力量

比如说，人类发明了汽车。因此只要花钱购买汽车，就算是跑得不快的人也能得到迅速移动的能力。金钱可以像这样把人类的各种丰功伟业化为私人物品。如同黑格尔所说的，如果近代社会是神在地上实际显现的姿态，那么金钱就是能把神呼唤到自己身旁的护身符。不，应该说金钱本身就是利用人类来让自己显现的神才对。

可是，金钱也是社会机制化为"东西"出现的一种形态。因此，一旦社会出现矛盾，金钱就会失去神力。马克思的这个着眼点不同于黑格尔。所谓的社会矛盾，就是卢梭所指出的先抢到土地和财物的人占尽便宜的不公正情况。也就是说，社会机制原本就"不是属于全人类的东西"。因为有这种不安定性，所以这种机制有时候会出现破绽。而这种破绽的具体表现就是经济恐慌，每个人都会变得无法信赖金钱并停止交易行为。

人们之所以重视金钱，是因为相信别人也信赖金钱并愿意拿自己的东西来交换金钱。可是这样的信赖其实相当脆弱，说不定只要有人大喊一声"国王没穿衣服！"就会轻易崩溃。

马克思的思想图

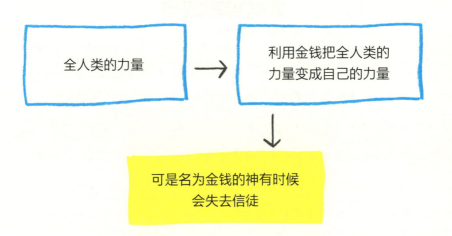

实用的马克思思想
重新改造这个世界

　　马克思认为金钱是只有在大家都相信金钱时才会起作用。虽然这个神说不定是个冒牌货，但却拥有极为强大的力量。因为我们在现实世界中总是以金钱这个尺度来衡量事物的价值和评价人们的工作，并借以维系日常生活。可是反过来说，穷到极点的人——也就是不信仰这个以金钱为神的宗教的人们，却有可能打破这个金钱之神的支配。如果拥有这样的可能性，那就有希望靠着毫无财产的人们的力量重新改造这个世界。

人生有分成好的人生和无趣的人生吗?

Nietzsche

弗里德里希·威廉·尼采 公元 1844 年—1900 年

　　他是近代德国的哲学家，出生于普鲁士的乡村，还是一名牧师的儿子。虽然他起初学习的是神学，但后来却转为古典文献学。从这时开始，他就对哲学家叔本华和音乐家华格纳深深着迷。可是，后来他又疏离了这两人。虽然年纪轻轻就在瑞士的大学里任教，但却因为其著作不见容于古典文献学界而被孤立。他成为一名流浪各地的独立作家兼哲学家。他晚年发疯，人生最后十年几乎都在疯狂之中度过。他的著作中有许多如同诗一般的表现方式，让后人对其著作有着多样化的解释。许多思想家都是在尼采的思想中寻找灵感，并主张双方思想的师承关系。

　　主要著作：《查拉图斯特拉如是说》《善恶的彼岸》等等

在"活着"这个现实中需要真理和意义吗？

我们必须过好的人生才行，人们从孩童时代开始就被人如此教导。哲学也是一样，从苏格拉底开始，就一直在思考该如何让人生变得更美好，而不是只有活在世上。可是，所谓的好的人生到底是什么呢？如果没有度过这样的"好的人生"，那我们的人生就毫无价值了吗？再说，人生的价值又是由谁来决定的呢？

宗教追求的是遵从上帝旨意的人生态度。那么哲学又如何呢？难道是不被任何事物束缚并自由思考吗？但是哲学追求真理，因为哲学认为人应该要遵从真理。那么真理又是什么呢？真理和人们生活的这个现实又有什么样的关系呢？从这之中找出问题的哲学家就是尼采。

真理就是意义正确的事，而这样的正确会束缚并支配着人们。如果人不被束缚就没办法活下去，那就只是一种生命力的衰退罢了。过着有意义的人生这件事，就等于是以自己之外的某种事物衡量自己人生的价值。可是，这真的是一件必要的事吗？比如说，就算没有思考真理和意义这些事情，但动物们不也能够好好地活在这个世界上吗？

我们必须肯定活着这件事情本身。不管过着什么样的生活，都必须肯定那样的人生。这需要的是一种坚强，坚强并不是指力气的大小和跑步速度的快慢，而是能够一直活下去的坚强。就算在动物的世界中也是一样，不是只有狮子和老虎才是坚强的生物，就连毫无意义地不断出生并死去的小虫子，也拥有能够毫不在意地接受这种没有意义的生命的坚强。

失去活下去的力量的人只能靠着"人生真美好"这样的谎言来自欺

在苏格拉底之后，哲学一直都在追求真理。其中的问题并不在于谁想利用真理的力量支配人们，而在于人们没有被支配就无法继续活下去。尼采认为，宗教之所以要人们遵从根本不存在的神，是因为人们希冀着这样的支配。其结果就是让人们相信"人生真美好"这样的谎言。

尼采的说法会让人想到我们社会的现况——大量生产必须被学校支配的孩子们。这种支配会划分出成绩好的学生和成绩不好的学生，而大多数的孩子只能以成为成绩好的学生作为人生的目标。

我们每个人都是一样的。有些人身体强壮，有些人身体虚弱；有些人会读书，有些人不会读书；有些人在工作上成功，有些人在工作上失败。可是，不管过着什么样的人生，如果当别人要我们重新过一次同样的人生时，我们能够开心地接受这件事，那这才是一种生命的力量。这就像是还未被老师赋予目标的孩子们只会漫无目的一味游玩一样。尼采要人过着不被意义束缚人生的教诲，也会让人重新思考自己的人生是否值得肯定。

尼采的思想图

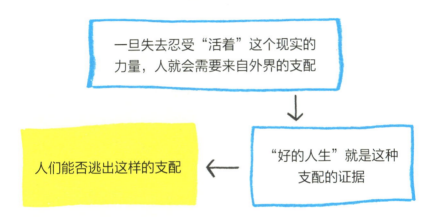

一旦失去忍受"活着"这个现实的力量，人就会需要来自外界的支配

↓

"好的人生"就是这种支配的证据

←

人们能否逃出这样的支配

<mark>实用的尼采思想</mark>

尼采的虚无主义所嘲笑的对象

以往认为有意义的事物其实毫无意义的思想就叫做虚无主义（Nihilism）。"Nihil"就是虚无的意思，原本是用来骂无神论者和不信奉道德观的人们的词汇。认为活着这件事毫无意义的尼采思想毫无疑问是一种虚无主义。可是，他的虚无主义并不是因为认为人生毫无意义而要人放弃一切的思想。

所谓的意义，就是把事物解释为该事物本身之外的某种事物，就像"dog"这个词被解释为现实中的狗一样。也就是说，相信人生有意义，就等于是相信人生被解释为人生之外的某种事物，而尼采所嘲笑的就是这种想法。举例来说，达尔文认为活着这件事本身就是活着的目的。而尼采的想法其实也是一样。尼采看待"活着"这件事的这种观点，对于现代的哲学和思想造成了巨大的影响。

为什么人会被家庭束缚？

西格蒙德·弗洛伊德　公元 1856 年—1939 年

　　他是奥地利的神经学家，也是一名精神科医师。他是出生于弗莱堡（现为捷克）的犹太人。于幼年时移居维也纳，此后长期定居在该地。他成为一名开业医师，因为经常遇到患者本人强烈否认自己心理现象的案例，而提倡着重于解析潜意识的精神分析法。可是，由于这种精神分析法的主题是抵触社会禁忌的"性"，再加上当时对于犹太人的歧视，所以这种精神分析法引起了不少批判。虽然这种精神分析法很快就融入了哲学的思想，成为具有广大影响力的一种理论，但对于其科学性存疑的声音也不少。他在纳粹时代亡命到英国并死于当地。

　　主要著作：《梦的解析》等等

人会在家庭关系中同时形成"潜意识"与"自我"

经常有人说家庭这种东西已经摇摇欲坠。以往的大家庭不但大为减少,而且每个人都变得能够自由选择人生,甚至连只有夫妻和孩子的核心家庭都不再是一般家庭的代名词,离婚率和单身贵族的人数也是有增无减。虽然有人认为正是因为这样才需要重新审视家人情感的价值,但社会整体的倾向却是朝着家庭解体的方向在前进。尽管如此,人依然无法不被家庭所束缚。虽然离婚率增加可以视为夫妻关系减弱的现象,但也可以看成是男女双方把自己与父母的关系看得比夫妻关系还重。既然如此,那人为什么会被家庭——尤其是与父母的关系束缚呢?

弗洛伊德是研究人类潜意识心理而闻名的精神科医师。他所说的潜意识是人类在幼年期中形成的某种东西。潜意识是在人际关系中形成的。说到幼年期的人际关系就让人联想到家人,也就是说,潜意识是在家庭关系中形成的。

来听听弗洛伊德的说法吧。小孩子原本是母亲的一部分,并没有"自我"这样的东西。可是,父亲介入了母亲与孩子之间,孩子因此学会压抑自己的欲望,还为了在父亲许可的范围内自由行动而形成负责居中协调的"自我"。可是,被压抑的想法并没有因此消失,依然留在人的内心深处,这就是潜意识的核心。因此,所谓的潜意识就是在父亲出现时和"自我"一起形成的东西。

因为我们无法不被家庭束缚，所以才必须冷静面对家庭

弗洛伊德认为幼儿想要继续跟母亲合而为一的想法是一种性欲。幼儿对母亲怀抱的欲望是性欲，父亲的出现让人把这种性欲塞到内心深处。虽然这种欲望会在将来找到母亲的替代品后消失，但也只是一种暂时性的解决手段。（这听起来像是以男性为主体的一种解释，但无可否认的是，他的理论确实是以男性为基准。）对母亲的欲望和对从中作梗的父亲的憎恨在心中交缠，而人便是透过压抑这些想法来形成"自我"。

社会上有许多压抑人们欲望的规则。弗洛伊德认为人们之所以能够主动遵守这些规则，全是因为有负责居中协调的"自我"存在。可是，在人们逼自己遵守这些规则的同时，也会造成压抑自己欲望的不自然心理。正是因为这样，人才会被最先为自己设下规则的家庭所束缚。

对母亲的欲望与对父亲的憎恨，以及想要让这种欲望与憎恨消失的自己。根据弗洛伊德的说法，这就是让需要规则的人类社会得以成立的条件。我们能做的事情就只有冷静面对这样的心理机制。这样一来，我们至少可以不用责难被家庭束缚的自己。

弗洛伊德的思想图

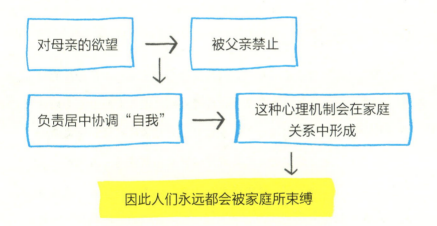

对母亲的欲望 → 被父亲禁止

负责居中协调"自我" → 这种心理机制会在家庭关系中形成

因此人们永远都会被家庭所束缚

实用的弗洛伊德思想
再次登场的情感净化

　　本书在亚里士多德的章节中曾经介绍过"情感净化（catharsis）"这个词汇。虽然它的意思是人们因为接触虚构而感到心情舒畅的现象，但这种情感净化现象在弗洛伊德的思想中也具有相当重要的任务。弗洛伊德认为人们因为无法承认自己对母亲的欲望和对父亲的憎恨而产生的不自然心理，正是许多心理疾病的成因。因此精神分析时才必须解析潜意识并让患者本人理解自己的真正想法。因为这对于患者来说是不愿意承认的事，所以患者会对此感到抗拒，但是当患者放弃抵抗并承认自己的想法时，却会反过来觉得松了一口气。这就像是警匪片中的犯人承认罪状，因为自白而卸下心头重担的场面一样。这就是一种情感净化现象。

为什么会有无法沟通的人？

Wittgenstein

路德维希·维特根斯坦　公元 1889 年—1951 年

　　他是奥地利的哲学家，出生在维也纳的犹太人富翁家庭。他起初是在德国学习航空工程学，后来却转而喜欢上数学，并为此拜访研究数学、哲学的英国哲学家伯特兰·罗素。虽然他不曾接受过专门的哲学教育，但却在罗素门下研究逻辑学和哲学。写出第一本著作后就完全对哲学失去兴趣，成为奥地利乡下小学的老师。但他因为与旁人发生摩擦而失败，没多久后就重回哲学的怀抱并回到英国。自此之后，他开始以自己的后期思想否定并批判前期思想，但是他的前后期思想都对后世有着广泛的影响。

　　主要著作：《逻辑哲学论》《哲学研究》等等

能够与别人沟通难道不是一件更加不可思议的事情吗？

每个人都应该有过明明用同一种语言，却完全无法与别人沟通的经验。如果对方和自己使用的是不一样的语言，那双方当然没办法沟通，但如果使用的是同一种语言就应该可以沟通才对。可是事实上，就算是使用同一种语言，无法沟通的时候就是无法沟通。这到底是为什么呢？

真要说的话，能够与别人沟通的情况到底是怎么一回事？思考这个问题的人就是维特根斯坦。所谓的能够沟通，就是理解对方说的话的意思，并让对方也能理解自己说的话。也就是能够共享双方话语意思的一种状态。那么话语中的意思到底是什么呢？

如果单纯就表面上的意义来思考，所谓的意思就是话语所指称的事物。可是，"哇"或"呀"这样的语助词却没有指称任何事物。如果人在发出这种语助词时的内心感觉是一种意思，那这种意思就只有本人才有办法明白，而且也无从得知别人对这种语助词作何感想。也就是说，双方不可能共享话语中的意思，所以无法沟通也是理所当然的事。不过，就连在说出这种别人应该无法理解的话语时，我们有时候会以为别人能够理解自己的意思，但这样反而更糟糕。说不定与其烦恼为什么我们无法与别人沟通，倒不如应该烦恼为什么我们能够与别人沟通才对。如果我们一直循着维特根斯坦的思维前进，就会觉得他似乎也因为人与人能够沟通这件事的神奇之处而受感动。

人们之所以说同样的话也无法沟通，只是因为门派不同

维特根斯坦认为我们应该放弃把意思当成是心中所想事物的想法。因为意思并不是存在于心里的事物。我们都是从孩童时期开始学习语言的用法。而这种用法才是意思。比如说，我们学到在日照强烈时要说"好热"，而不是说"哇"或"呀"。如果在摸到雪的时候说"好热"就会被立刻纠正。因为这就是"没有搞懂意思"。也就是说，正确使用语言就等于是搞懂语言。

这就像是学习某种礼仪一样。如果学到某种礼仪，我们就会在遇见别人时依照那种礼仪问候对方。如果双方都学过同一种礼仪，就能正确地问候对方。可是，如果双方平时使用的礼仪不同，就没办法正确地问候对方。也就是说，学习语言就像学习礼仪一样，而能够与别人沟通就等于是双方都学过同样的礼仪。

让我们回到原本的问题吧，为什么会有无法沟通的人呢？那是因为对方并没有学过和自己一样的礼仪。就像是茶道和花道一样，语言也有着具有微妙差异的各种门派。如果同样说日语却无法沟通，那就表示双方的门派不同。但因此瞧不起无法沟通的人其实是件很滑稽的事，因为对方肯定也认为您的礼仪相当奇怪。

维根斯坦的思想图

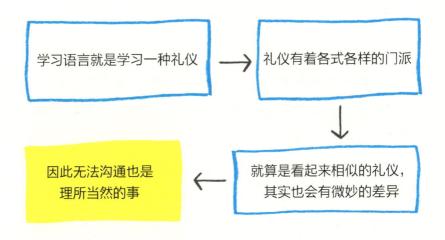

学习语言就是学习一种礼仪 → 礼仪有着各式各样的门派

就算是看起来相似的礼仪，其实也会有微妙的差异 → 因此无法沟通也是理所当然的事

实用的维特根斯坦思想
语言游戏和感质（qualia）

维特根斯坦把人们用各种方式对话的行为称为"语言游戏"。因为就和互相抛球的游戏一样，互相抛出话语也是人们在生活中共享的一种礼仪。不管是问候别人、提出请求，还是解说产品，全部都是不一样的语言游戏。

话说回来，最近有一种受到部分哲学家和神经科学家瞩目的新概念——"感质（qualia）"。虽然被翻译成"感质"，但其意思就是当我们看到苹果时觉得"好红"这样的实感。可是，这并不等于"好红"这句话的意思。因为这种实感是只有自己能够明白而且"无法用语言说明"的东西。虽然感质确实是一种有趣的概念，但如果用人们能够轻易共享般的态度来说明的话，就很容易造成误解。

为什么和不认识的人在一起时会觉得不安？

马丁·海德格尔 公元 1889 年—1976 年

　　他是德国的哲学家，出生于德国南部，是罗马天主教会司事的儿子，虽然起初是学习神学，但后来却转而学习哲学。他学习备受瞩目的新哲学——埃德蒙德·胡塞尔的现象学，并在大学里成为他的后继者。可是，由于他和重视数学的胡塞尔的研究方向从一开始就不一样，所以两人后来就变得疏远了。虽然同时代的人都对海德格尔的著作有很高的评价，但是由于他支持纳粹思想的言行，所以使得学界在二次大战后曾有一段时期对他抱着不好的观感。关于海德格尔曾经支持纳粹一事，至今依然有着许多不同的评价，但众人普遍都肯定他也是拥有极大影响力的一位哲学家。

　　主要著作：《存在与时间》《现象学之基本问题》等等

世界就是我们的住处

虽然任何人都会对认识的人和场所感到安心，但只要面对不认识的人或是在不熟悉的地方就会感到不安。其中一个可以想到的理由，就是未知的人、事、物有可能伴随着危险。这种危机意识对于生物来说是很正常的。可是，这其中说不定还隐藏着我们人类不同于其他生物的生存秘密。

生物都是活在环境之中。由于不同的物种就有不同的生存环境，所以每一种物种的世界都不尽相同。比如说，附近的巷子里就有对于老鼠来说食物丰富而且容易躲藏的水沟世界。虽然飞在空中的蜜蜂不会对水沟感兴趣，但却知道老鼠不感兴趣的花蜜世界。世界就是由各种物种的不同世界不断交叠而成。

那我们人类的世界又是什么样的世界呢？首先，人类活在自己创造的社会之中，所以人类的生活环境不只有自然环境，还有与其他人一起生活的社会环境。由于自然环境也会受到人为的改变，所以我们周遭其实是人为的自然。稻田里种着稻米并让青蛙和虫在其中居住，就这层意义上来说，稻田是一种自然，但同时也是我们人类的生活场所。这就是我们所居住的世界。以这样的条件为基础，不断思考人们周遭的事物与人类本身存在意义的哲学家就是海德格尔。

试着重新审视某种事物与某人对于自己生活的意义吧

思考事物"存在"意义的哲学就称为存在主义。海德格尔不断探究存在主义。海德格尔把某种事物作为存在这件事与我们的日常生活连接在一起重新思考。比如说，铁锤之所以是铁锤，是因为我们过着用铁锤来钉钉子的生活。未知的社会所使用的未知工具对于我们来说什么都不是，自然界的东西也是一样。比如说，鱼对于我们来说就是一种叫做鱼的食物，而不只是单纯的生物。

这个道理也同样可以套用在人类身上。某人是我们的家人或是职场的同事，这就表示我们把那人视为家人或同伴并与他一同生活。可是现代人却遗漏了这个事实。比如说，当科学家告诉人们某样东西是什么时，经常会忽视这东西与我们生活之间的关系，也就是这东西的存在意义。海德格尔正是想对这样的错误提出警告。

在人们会因为身旁的陌生人而感到不安，这种表面上理所当然的事实底下，其实隐藏着我们都是和旁人一起生活并共同创造世界这样生活的现实。只要重新审视近代科学世界遗漏的现实，就能取回能让人们安心居住的世界。而接触未知事物时的不安就是在告诉我们这种人类生活的条件。

海德格尔的思想图

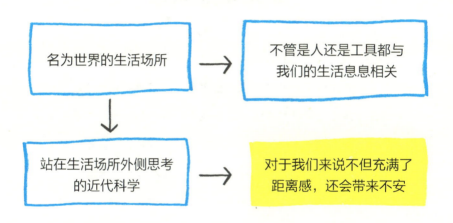

名为世界的生活场所 → 不管是人还是工具都与我们的生活息息相关

站在生活场所外侧思考的近代科学 → 对于我们来说不但充满了距离感，还会带来不安

实用的海德格尔思想

海德格尔与纳粹之间的关系

海德格尔曾经支持过纳粹。这可以被视为是海德格尔这名伟大哲学家的人生污点。可是，海德格尔是一名努力纠正西方近代社会的错误发展方向的思想家，而这和他支持纳粹的行为也不是完全无关。因为纳粹也对近代社会的人们变成一盘散沙，而且逐渐迷失生存意义这件事进行批判，这场运动在不久后席卷整个德国。

只不过，海德格尔本人似乎也对现实的纳粹感到失望。我们必须先承认当时的德国人对纳粹怀抱某种希望的事实，然后试着冷静地重新思考近代社会有哪些优点和缺点，以及我们应该选择什么样的道路才对。不是吗？

为什么人会被迷信所欺骗?

卡尔·波普尔 公元 1902 年—1994 年

　　他是奥地利的哲学家，出生在维也纳的律师家庭。他从年轻时就开始学习各种学问，不断思考什么才是科学精神。他在纳粹时代逃到国外，二次大战后便定居于英国。他认同科学的价值，是一位知名的稳健派经验主义者。同时，他告诫世人切勿太过相信人类的智慧，强烈反对自以为独占真理的决定论。

　　主要著作：《科学发现的逻辑》《开放社会及其敌人》等等

因为无法分辨科学与非科学，所以人类才会被迷信所欺骗

人们到底为什么会被迷信所欺骗呢？因为现代人都学过物理，所以任何人都有一定程度的科学常识。例如"地球是圆的"、"鲸鱼不是鱼"、"虽然纸被烧掉，但整个空间中的总重量却不会改变"等等，可是只有这些知识是不够的。

真要说的话，其实我们不是很了解科学到底是什么。"地球是圆的"和"鲸鱼不是鱼"这些知识也是因为别人这么告诉我们，我们就如此认为罢了。为了不被迷信所欺骗，我们需要的并不是科学知识，而是分辨科学与非科学的能力。

那所谓的非科学到底是什么呢？比如说，宗教就是一种非科学。现代人理所当然地有着不同的宗教信仰，而宗教也被认为是属于个人的一种信念。我认为上帝存在，并决定依靠这个上帝活下去，但其他人却不见得如此。这是一种宗教的态度。任何人都不会认为这是一种科学知识。不过，如果是他人包上科学包装告诉我们的事情，我们就很难说那只是一种因人而异的想法了。

科学到底是什么，这个问题即使到了现代也依然经常被人谈论。而其中又以哲学家波普尔的思想的影响力最强，也被更多人所接受。因此，下面就要来介绍波普尔的科学观。

科学知识永远是"暂时性"的东西

"上帝存在"这种想法并不是科学，可是，这并不是因为我们知道上帝不存在，说不定上帝真的存在，但这仍然不是一种科学知识。那科学知识到底是什么呢？是透过实验验证过的法则吗？可是，实验没有办法验证法则。举例来说，就算有两个物体同时掉落到地面，也可能只是一种偶然。就算不断重复进行同样的实验并得到同样的结果，也有可能只是接连发生同样的偶然罢了。

这么说来，科学又是什么呢？波普尔认为科学就是可能有反证，但"目前"并没有充分反证的理论。上帝存在这种想法之所以不是科学，是因为这种想法无从反证。比如说，我们可以把好事归功于上帝，却把坏事看成是上帝赋予我们的考验。而"雪是白色"这种想法却必须在发现黑色的雪时被推翻。波普尔认为这才是科学。

像占卜或血型性格诊断，这种缺乏适当反证法单方面的神谕，就算看起来再怎么像是科学也不是科学。就算是"地球是圆的"这样的常识，也必须在找到反证时被推翻掉。不把任何信念当成是绝对无误的真理，只假设它"至少现在是正确的"，这样的谦虚心态才是科学。波普尔的这种想法正是帮助我们远离迷信的强力伙伴。

波普尔的思想图

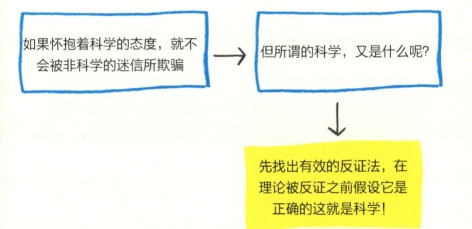

如果怀抱着科学的态度，就不会被非科学的迷信所欺骗

但所谓的科学，又是什么呢?

先找出有效的反证法，在理论被反证之前假设它是正确的这就是科学!

实用的波普尔思想

认定科学绝对正确的态度也是非科学的

波普尔认为区别科学与非科学的根据就在于该理论有没有可以反证的余地，这就叫做"可反证性"。波普尔主张就算是看似科学的理论，只要没有设定能找出有效反证的规则，就代表这理论缺乏可反证性，所以不算是一种科学。被这种想法剔除掉的迷信并不只有血型性格诊断和新兴宗教的诱惑而已。

可是，不抱着任何真理活下去是一件需要强韧意志力的事，如果照着波普尔的想法来看，就连"地球是圆的"这件事都不是百分之百正确的事。波普尔认为把科学奉为唯一真理的态度也是一种非科学，而这种想法肯定能把人们从"科学至上"这个现代社会的迷信中拯救出来吧。

人有办法照着计划过活吗?

让·保罗·萨特　公元 1905 年—1980 年

　　他是法国的哲学家，也是一位作家，出生于巴黎的富裕家庭。他学习海德格尔和胡塞尔的现象学。不光是哲学书，他还会写小说和剧本，另外，他还会在一般读者阅读的新闻和杂志等媒体上发表文章，是一位拥有广泛影响力与领导地位的知识分子。他是一位支持马克思主义的进步派人士。他与伴侣西蒙·波娃（公元 1908 年—1986 年）之间互相尊重彼此自主性的新形态男女关系也成为当时的话题。就算受欢迎的程度减少，他也还是这个时代的代表人物，据说他过世时有 5 万人为他哀悼。

　　主要著作：《存在与虚无》《辩证理性批判》等等

总是发生预期之外的事打乱计划也是自己的过错吗？

我必须照着计划生活才行，虽然这么想，结果今天又只是白白浪费时间。认识的人突然打电话过来或登门拜访、突然有紧急的工作要处理、亲人或自己突然生病或受伤，人生中经常会发生预期之外的事，无情地破坏掉我们辛苦订定的人生规划。这会让我们没办法决定自己要过什么样的人生，也让人没办法制定人生规划。

有这种焦虑的人肯定不少。可是，照着计划过活真的是一种好的生活方式吗？在我们觉得无法照着计划走的自己是个没用的人之前，不如先思考人到底有没有办法照着计划过活，以及这是不是一种好的生活方式。

当我们认定某种事物是 XX 时，XX 便可说是那种事物的本质。因为三角形就是三条相交的直线，所以那就是三角形的本质；因为杯子是用来装水的东西，所以装水这件事就是杯子的本质。那人类的本质又是什么呢？虽然这个问题有许多的答案，像是拥有理性或是制作工具的能力等等，但却没有一个能满足所有人的答案。为什么会这样呢？萨特是思考这个问题的哲学家。萨特在探究人类本质的过程中找到了自由的概念。下面将依序进行说明。不属于本质的现存个体称为"实存"，而他认为"实存应该先于本质"，为什么实存必须先于本质呢？

人类的本质由人类自己创造，这就是所谓的自由

杯子的本质之所以明确，是因为杯子就是为了装水而被制造出来的人造物品。但如果问到人类的本质，就必须用同样的方式来思考人类。这种想法比较适合相信上帝创造了人类的基督教。可是，萨特认为人类的实存必须先于本质才行，否则人类就不再自由了。他认为人类应该为了得到自由而认为上帝已死。如果人类是由上帝所创造，那么人类的本质就已经被决定好了，而这会让人类失去其他的可能性。因此，我们必须为了人类的自由而认为上帝已死。

既然如此，那我们就不应该询问人类的本质。人类的本质未定，必须由自己决定，而这种想法就是自由。直到人类灭亡之前，我们都无法得知人类的本质。我们每个人都没办法在死前决定自己会有什么样的人生，因为我们不晓得未来会发生什么事情，也不知道自己会如何抉择。而这样的未知就是属于自己的人生。

所谓的照着计划过活，就是事先决定好"自己的人生和自己的本质就是如此"，然后照着这样的想法过活。想要照着计划过活的人，会在无意识之中盲从决定自己本质的上帝，并为了不违背上帝的旨意而主动摧毁自己人生的其他可能性。相较于此，在不断应付人生中遇到的各种新状况的同时逐渐形成自己本质的思想，难道不是更能让人感到开创自己人生的价值吗？

萨特的思想图

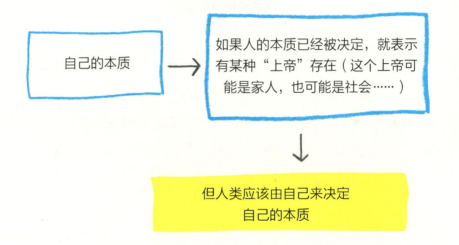

自己的本质 → 如果人的本质已经被决定，就表示有某种"上帝"存在（这个上帝可能是家人，也可能是社会……）

但人类应该由自己来决定
自己的本质

实用的萨特思想

束缚着自己的他人的目光

萨特认为人类的本质早已被决定。这是因为他重视自由，认为自由就是以自己的想法主动处理各种偶发事件。就这一点来说，这种态度和怠惰度日的人生态度是不一样的。请注意这两者之间的差异。

话说回来，萨特又是如何看待走进自己人生中"他人"的存在呢？别人主动与自己交流并不会带来问题？因为我们可以主动决定自己该怎么应对。可是，别人看着我们的目光就不是这样了。

萨特认为"他人的目光"会束缚我们，让我们变得不自由。只要想到我们被别人注视时会有觉得害羞、紧张或是不知所措的反应，就能理解萨特为什么会有这样的想法。萨特之所以会对于他人过度敏感，把"他人的目光"视为自己人生的阻碍，或许就是因为他有这种要人类彻底做自己的思想吧。

为什么男人和女人无法沟通？

Levinas

伊曼努尔·列维纳斯　公元 1906 年—1995 年

　　他是法国的哲学家，也是一名伦理学家。他是出生于立陶宛的犹太人。虽然他起初学习的是法国哲学，但后来又接触到海德格尔和胡塞尔的德国哲学（现象学）并对其深入研究。在二次大战期间曾被德军俘虏并受到长期拘留。于战后遇见犹太教的导师并学习解读法典。虽然人们经常指责他的思想中充满浓厚的犹太教色彩，但这不单纯是因为他个人的宗教信仰，而是因为他以身为西方犹太人的身份不断接触到严苛政治现实的缘故。虽然他直到晚年才开始受到全世界的瞩目，但他在哲学上的成就已经逐渐成为现代哲学的典范了。

　　主要著作：《整体与无限》《从存在到存在者》等等

男性和女性是借由互相面对来成为彼此的他者

人们经常因为烦恼无法和别人沟通而深感挫折，男女之间无法沟通的情况更是任何人都曾经有过的烦恼。为什么会发生这种事呢？这似乎是许多人都深感兴趣的问题，而这个问题也有着各式各样的答案。神经科学家曾试着说明男女大脑结构的差异，或是思考男性和女性的社会立场差异。吉利根的思想也算是其中一种答案。不过，接下来我们要试着从另一种角度来思考这个问题。那就是男性和女性互相面对这件事代表的意义。

列维纳斯是以不断思考如何面对他者这个问题而闻名的哲学家。所谓的他者是什么呢？当然就是除了自己之外的人事物。可是，如果除了自己之外的人事物都算是他者，那么现在在您眼前的桌子不是您自己，志趣相同的朋友也不是您自己，那么这些人事物可以算是他者吗？不，我们还不确定这些人事物是不是真正的他者。

在我们看到或想到某样东西时，那样东西就会出现在我们心中。看到桌子心中就会浮现出桌子，想到远方的故乡心中就会浮现出故乡。就这些东西存在于自己心中这一点来说，这些东西对我们而言他者就像是被吃下的东西会成为自己身体的一部分一样，这些东西也是我们内心的一部分。所谓的他者不同于这些东西，是无法在我们的心中被界定为"某样东西"的人、事、物。

他者会质问我们"你要如何对待我？"

当某人看到桌子并把桌子想成桌子时，这人就能透过这样的程序支配桌子。这就像是上司借由只把属下视为属下来支配一样。立场高低并不是问题，属下看到上司时也是一样。当我们决定对方是什么时，就等于是从对方身上剥夺了除此之外的可能性。可是，当我们办不到这件事时，他者才会真正出现。而这就是双方面对面的时刻了。

一旦双方面对彼此时，人就很难把自己的想法强加在对方身上。因为有某种超越上司和属下这种立场的东西出现了。这时对方就会摆脱我们的想法，质问我们"你要如何对待我"这个问题。这样一来，我们就会变得难以否定别人。

男女之间也会有无法沟通的情况，那就是当男女两人面对面的时候。由于当一群男性说女性的坏话，或是一群女性反过来说男性的坏话时，这群人只会变得更为团结，所以不会出现谈话僵持的情况。可是当男性和女性一对一面对面时，人就无法逃离对方是他者这个事实。当我们明白对方也在看着自己时，我们就只能接触到不同于自己的某样东西。

当我们因为面对别人而感到困扰的时候，其实也是男女双方都体认到彼此是他者这个事实的瞬间。那么我们该如何对待这个无法沟通的对象呢？因为这时候我们才会接触到他者的他者性，所以就只能更加努力地试着考虑别人的心情了。

列维纳斯的思想图

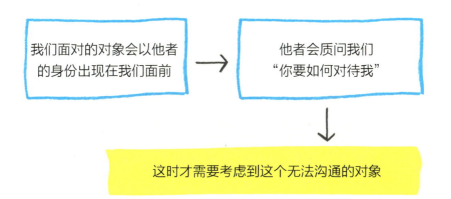

我们面对的对象会以他者
的身份出现在我们面前 → 他者会质问我们
"你要如何对待我"

这时才需要考虑到这个无法沟通的对象

<mark>实用的列维斯坦思想</mark>
他者的"脸孔"上的脆弱所质问我们的问题

列维纳斯是名追求面对他者意义的伦理学家，而所谓的面对就是他者作为"脸孔"出现在我们的面前。虽然我们可以把没有直接面对的事物当成是单纯的"东西"来对待，但脸孔就不行了。而且，列维纳斯认为正是因为那张脸孔非常脆弱，所以我们才会被其束缚。至于我们被对方的脆弱所束缚的理由，以男女关系来解释的话，就像是比起被甩的一方，甩人的那一方心情会更为难受一样。因为被甩的时候就只是自己心情难受而已。可是当我们甩人的时候，我们还必须被因为我们而被决定命运的对方所苛责。

列维纳斯对于他者的这种理解方式，和认为"他者的目光"会妨碍自己的自由的萨特思想正好相反，但在某一方面却非常相似。那就是在面对他者的脸孔时，我们将不得不质问自己的内心。

 **只要让多数人感到快乐就行了吗?**

Rawls

约翰·罗尔斯　公元 1921 年—2002 年

　　他是美国的伦理学家，也是一名政治哲学家。他起初研究的是"不像自然科学般具备实证性的伦理学是否算得上是学问"这个问题，并顺便探讨作为伦理基准的"正义"的意义。他认为所谓的正义，就是让原本就自由且平等的众人之间的关系能达到"公平"，并主张这样的公平是可以实现的，而且他还提出了用以实现这个目标的正义原则。这种思想展现出不同于功利主义追求理想社会这一目标的思考方向，并包含着对于功利主义的强烈批判，直到现代也有着广泛的影响力。他还曾经因为表达美国在二次大战末期对日本使用原子弹一事并非正义而引发争论。

　　主要著作：《正义论》《万民法》等等

当我们说"要让大家都开心"时的"大家"是指谁？

比如说，当正经的人不看场合说出正经的话时，有时候就会让原本欢乐的气氛一扫而空。"这人怎么在大家正开心时说出这种话"。我们的心里也会这么想。正经的人经常因为这样而被周围的人敬而远之。正经的人自以为是的想法有时候确实会有些过火。可是，我们之所以会觉得正经的人啰唆，通常都是因为自己也隐约察觉到自己的不对，才会在被人明白指责时感到不悦。而这一点对于"正义"这个正经的问题来说也是一样。

罗尔斯是美国的伦理学家，他是以美国式的"理想社会"模型作为出发点开始思考。虽然所谓的美国式的理想社会非常复杂，但功利主义肯定是其中相当重要的一环。所谓的功利主义，就是追求能让多数人感到幸福的社会。功利主义毫不关心与利益无关的正义和理想，舍弃传统思想和宗教教导人们的"正义"，只追求人们的实际幸福的功利主义，可以说是极有近代风格的思想。

这种思想确实能让社会变得更好。可是，功利主义追求的能让人们感到幸福的社会，是所有人都能感到幸福的社会吗？不，功利主义追求的并不是所有人的幸福，就只是多数人的幸福而已。就这点来说，功利主义与少数服从多数的观念并没有两样。

只有不管自己身处什么样的立场都能得到同样对待的公平才是正义

罗尔斯认为所谓的正义就是公平。所谓的公平，就是任何人都有得到同样对待的权利。不管是多数派还是少数派都一样，所有人都是平等的。这些平等的个人聚集在一起，然后思考该建立什么样的制度，这就是罗尔斯所认定的社会模型。这种思想基本上与洛克和卢梭的社会契约论一样，罗尔斯可说是让这样的思想在现代复活了。他试着从头开始思考创造正确社会的方法。

举例来说，把蛋糕分给两个人的时候，只要让其中一人负责切蛋糕，并让另一人负责选蛋糕就公平了。因为第一个人会选择让自己不管拿哪一块蛋糕都无所谓的公平切法，而社会的制度也能用这种方式来建立。罗尔斯认为只要在彼此都不晓得自己的条件（性别、健康状况、工作能力）的状态下进行讨论，众人就会为了让自己不管身处什么样的地位都无所谓，而建立出公平的社会。

功利主义基本上是对于多数派和立场较强的人有利的一种思想。当我们说出"只要大家都开心就好"这句话的时候，我们口中的"大家"指的是多数派，完全没有考虑到因此感到不开心的少数派。罗尔斯重新想起这项事实，并重新思考公平这个概念，而他的提案也引发了相当多的议论。请问您觉得功利主义和罗尔斯的正义论何者较好呢？

罗尔斯的思想图

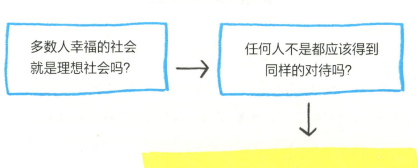

多数人幸福的社会就是理想社会吗? → 任何人不是都应该得到同样的对待吗?

↓

因此，人应该在假设自己不晓得自己立场的情况下参与建立制度的过程

实用的罗尔斯思想

"反思的平衡"与"无知之幕"

虽然罗尔斯提议重新建立社会制度，但其目的并不是要人舍弃以往的一切常识，而是要在以往的道德观和基于公平原则重新建立的新制度之间取得平衡。而这一点或许正可说是罗尔斯思想的特征。

虽然把从无到有的理性思考与社会习惯进行比对的思考方式最早可以追溯到亚里士多德，但是将这种思考方式命名为"反思的平衡"（ reflective equilibrium ）的人却是罗尔斯。罗尔斯是一位擅长命名的人，他还为本文中提到过的，人们应该在不知道自己的条件的情况下思考社会制度的观念取了个合适的名字——"无知之幕"（ veil of ignorance ）。因为罗尔斯良好的命名品味，"反思的平衡"和"无知之幕"才会成为哲学界中广为使用的词汇。

Kuhn

托马斯·库恩　公元 1922 年—1996 年

　　他是美国的科学史家，也是一名科学哲学家。虽然他起初是学习理论物理学，但后来便转而研究科学史。因为他认为波普尔的科学观把科学描述得太过理想化，并不符合科学家的实况，所以库恩亲自调查科学研究的实况，从此便强烈主张科学的社会性性格。其研究成果导致科学的权威坠地。因为他揭露了，只要科学研究是发生在人类世界中的事情就必定会受到人类集团的性质所左右这项事实。库恩所提倡的"典范（paradigm）"概念被世人广泛运用，而这结果远远超出他本人的预料，尽管他并不希望如此，但这个词汇依然受到广泛的运用。

　　主要著作：《科学革命的结构》《哥白尼革命》等等

所谓的转换想法就是找到新的典范吗？

在工作上需要新想法却又一直想不到时就需要转换想法。这是一种经常听到的说法。因为人很容易被特定的想法所支配，所以必须先暂时放弃以往的想法才能找到新想法。这八成就是这种说法的观点吧。

在无意识的情况下，束缚人的想法的框架就称为"典范"。如果使用这个词汇来重新说明刚才提到的观点，那么所谓的转换想法就是舍弃旧典范并找出新典范。事实上，在需要转换想法时，我们也经常可以听到"典范转换"或"典范转移"这样的说法。可是，所谓的典范到底是什么意思呢？最先以类似于转换想法的意义来使用这个词汇的人就是科学史家——库恩。下面将一边介绍库恩对于科学史的想法，一边确认典范的定义。

如果不要想得太过复杂的话，科学就是透过实验与观察来找到新事实并得以进步。这种观点基本上直到现代也依然适用。不过，就像之前在介绍波普尔时提过的一样，严格来说，透过实验就能验证事实这样的想法其实是错误的。对于这个问题，波普尔认为目前尚未被反证的假设就是科学。如果依照这种想法来看，虽然科学没有笔直地进步，但基本上仍然是有进步的。不过，库恩却表示科学家们的实际研究过程根本不是这样。

所谓的典范转移其实就只是主流思想改变而已

科学是在科学家集团之中被研究出来的学问。以物理学界来说，一旦物理学界有了重大的成绩（例如牛顿的物理学），物理学家们就会以这样的成绩为榜样去研究尚未被研究的区块。可是，这个榜样会在这个过程中逐渐变得不再适用，而一旦这个榜样被放弃，整个学界就会一起改用新的榜样。而这些榜样就是"典范"。

事实上，所谓的典范原本就有"模范"的意思。所谓的典范转移，就是大家的模范改变了。库恩认为旧的榜样与新的榜样就只是不一样而已，并没有何者较为进步的问题存在。虽然科学家隶属于大学之类的研究机关，但这些机关就只是把名为典范的相同榜样交给这些未来的科学家而已。

另一方面，虽然也有一些非主流的研究，但这并不是因为这些研究较为落伍或是差劲，只是因为大家遵从的榜样不一样罢了。我们没办法事先得知那些研究会在得不到周围认同的情况下结束，也没办法得知那些研究会成为新的典范。

典范是用来说明科学史而被创造出来的用语，并不是用来寻找新观念的万灵药。典范反而还打破了我们认为改变想法就能进步的迷信。虽然转换想法也不错，但踏实地思考似乎才是最快的快捷方式呢。

库恩的思想图

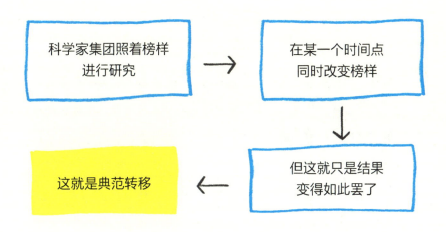

科学家集团照着榜样
进行研究

→

在某一个时间点
同时改变榜样

但这就只是结果
变得如此罢了

←

这就是典范转移

实用的库恩思想

从典范到"学科基质（disciplinary matrix）"

虽然库恩使用"典范"这个词汇来表示某个时代的科学家遵从的榜样，但他本人也承认这个词汇的用法存在着不少暧昧不清的地方。因为这样，就连库恩本人也对于这个词汇被用作"在无意识的情况下束缚人们想法的框架"的意思这件事感到相当困惑。因此，他后来便放弃典范这个词汇，改用"学科基质"这个词汇。

库恩的真正成就并不在于发明了"典范"这个意义暧昧的词汇，而在于他对科学提出了不同于波普尔的见解。虽然库恩的思想否定了科学的进步，具有相当大的破坏性，但就防止科学的过度权威化来说是相当重要的。请问您觉得波普尔的稳健派科学观和库恩的破坏性科学观何者较为出色呢？

真正的个性是存在的吗？

Foucault

米歇尔·福柯 公元 1926 年—1984 年

他是法国的哲学家，出生在地方都市的医师家庭。除了哲学与心理学之外，他还研究科学史。他的哲学充满了历史研究般的风格，因此也受到专家之外人士的广泛探讨，是自萨特之后最为著名的其中一位哲学家。尽管他身为领导级知识分子的地位一直受到质疑，但他依然对政治抱持着强烈的关心，也经常出现在各种媒体上。就这层意义来说，他确实像是一位领导级的知识分子。他是一位同性恋者，而他身为少数派的自觉也对其学术思想造成了影响。他死于当时仍然相当罕见的艾滋病，而这件事也引发了不小的话题。他去世后，他的思想留给后人的是尚未完成的感觉，但其影响力至今依然很强。

主要著作：《纪律与惩罚》《性史》等等

追求理性的人生观和追求幸福的人生观是自己真正的愿望吗？

如果能过着自己想要的人生不知道该有多好！每个人肯定都曾经有过这样的愿望吧！不过，我们是不是忘了什么重要的事情呢？您心中是不是偶尔会突然涌起这样的疑惑呢？

说不定自己只是被某种东西所操控。有一个在背地里操纵众人的邪恶魔王般的家伙支配着我们。虽然不晓得那是有钱人还是政治家，但只要我们不击败那个敌人，就肯定无法得到自由。像这样往外找寻敌人的想法相当容易理解，也经常出现在电影和漫画之中。可是，现实到底是不是这样呢？

让我们试着怀疑"原本应该自由的人们和想要操纵人们的外敌"这样的思考模式吧。康德认为想要驱使自己的欲望是敌人，只有当理性战胜欲望时人才能得到自由。边沁则是追求任何人都能感到幸福的社会。可是，为什么我们会知道理性和幸福是自己真正的愿望呢？

说不定我们真正的敌人并不在外面，而是以理性和幸福这样的形态存于我们心中。福柯是一位不断思考权力如何束缚人们这个问题的哲学家。他对于刚才提到的"自由的自己与外在的敌人"这样的思考模式感到疑惑。福柯进一步推展这个疑惑。如此一来，"活得像自己"这件事的意义也就跟着改变了。

强迫人们"活得像自己"的时代

拥有权力的一位国王与没有权力的无数人民。虽然以前确实有过这样的时代，但现在却不是这样。以上是福柯所说过的话。近代社会是没有身份差别、每个人都能拥有自己的生活主体性的时代。可是，我们所拥有的"生活主体性"本身其实并不是我们自己选择的结果，而是时代潮流强迫我们接受的观念。

比如说，我们拥有购买自己喜欢的东西的自由，但这其实也是商人为了赚钱而灌输给人们的一种观念。换句话说，就像是肉鸡养殖场的鸡被人刻意养得又健康又肥一样，我们也只是被迫习惯这种注重健康、享乐与生活主体性的生活罢了。一切都只不过是别人要我们成为这样的人并对我们施加调教后的结果。福柯从这之中感觉到自己的人生在不知不觉中被他人决定的不愉快感。因为现代的权力迫使人们"活得像自己"。

那么命令我们如此生活的当权者在哪里呢？其实这个人不存在于任何地方。现代的权力就是要人们活得像自己的观念本身，那是一种到处都找不到当权者影子的诡异力量，福柯认为这就是现代的权力的真实样貌。他在这种要人们活得像自己的"个性"观念中感到诡异和不自在，并试着找出与之不同的某种新观念，因为人们从未见过的真正的自由或许就存在于那种新观念之中。

福柯的思想图

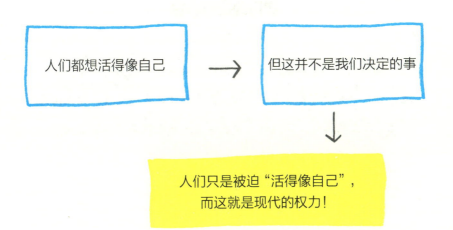

人们都想活得像自己 → 但这并不是我们决定的事

↓

人们只是被迫"活得像自己"，
而这就是现代的权力！

<mark>实用的福柯思想</mark>
环形监狱与现代社会

　　福柯从人们想要活得像自己的观念中感觉到权力的影子，而且还认为其中并没有当权者的介入。虽然解释起来很复杂，但他认为这就是历史的真相。而能够充分展现这一点的就是"环形监狱"。这是边沁所设计出来的一种监狱，虽然这种设计在当时并没有实现，但福柯却在其中发现近代社会的原型。

　　所谓的环形监狱，就是让监狱管理人员从位于中央的监视塔管理犯人的一种监狱。可是，由于从外面看不到监视塔内的情况，所以就算没有监视者也行。因为犯人会误以为自己正受到监视并因此监视自己。福柯认为近代人就像是这些犯人一样。现代社会基于保护彼此的安全这个理由而开始在街上设置监视摄影机，这不禁让人有种福柯所说的权力正逐渐渗入人们生活之中的感觉。

感叹别人无法理解自己的心情是一种不成熟的行为吗?

Habermas

尤尔根·哈贝马斯　公元 1929 年至今

　　他是德国的哲学家，也是一名社会学家。1930 年代以后，有一群知识分子聚集在法兰克福大学的社会研究所，试着建构出融合马克思主义和精神分析法的新的哲学与社会学理论，而这群人被称为"法兰克福学派"。这个学派在二次世界大战后正式开始活动，而其第二代的其中一位代表人物就是哈贝马斯。他们的目标是重新定义"公共领域"这个理想，让所有平等的个人都能参与社会迈向近代化的过程。他追求让人类能够跨越自由经济圈、在对等的前提下沟通的全新理性。他现在依然对社会思想、政治学和伦理学的领域有着相当大的影响力。

　　主要著作：《公共领域的结构转型》《交往行为理论》等等

人会在不知不觉中让自己变得不再自由与平等

人与人之间的沟通是一件非常累人的事。比如说，当我们在职场或学校里被前辈或上司命令时；解释自己无法达成对方要求的理由时；或是拜托同事或部下办事，对方不见得每次都能理解我们的想法时。但是对方无法理解我们的想法反而是正常的情况。因为使别人理解自己的想法是一件非常困难的事。

可是，因为这个社会是属于大家的东西，不管走到哪里都无法避免与人沟通。如果我们不与人沟通，人际关系就会变成是一种单方面命令别人或被别人命令的关系了。但近代社会就是建立在对于这种与生俱来的社会地位高低的批判之上。所有人都必须是自由且平等的个人，而社会则必须由这样的个人透过不断地沟通逐步建立起来。这就是近代社会的目标。

不过，这个目标非常难实现，因为人会在不知不觉中让自己变得不再自由与平等。福柯曾经说过，表面上自由的个人其实也只是被权力形塑的刻板概念所束缚。可是，他并没有因为这样就嘲笑人类的可悲天性，而是为了改变现况而指出现况的问题。福柯让人们明白现况的严苛之处，而哈贝马斯则积极地面对这种现况并朝着实践目标而努力。

而本书最后就要以他的思想来为我们的哲学史旅程做一个总结。

在感叹别人不了解自己的心情之前，我们可曾试着在相信真善美的前提下与人交谈？

一言以蔽之，哈贝马斯所追求的目标就是公共领域。所谓的公共领域，就是让一群自由且平等的个人聚在一起讨论公共事务。这明明就是近代社会的一个目标，但人们总是会在不知不觉间迷失这个目标。而哈贝马斯就是要重新追求这个目标。而为此就必须思考能让人们沟通的规则才行。说得更明白一点，思考参与公共事务的人们之间的沟通规则，正是达成公共领域这个目标的第一步。

那我们到底需要什么样的规则呢？首先，既然要与别人沟通，就必须为了让人容易理解而努力把话说得简单明了。刻意使用难以理解的说法是一种不诚实的行为。还有，如果要说明自己的想法，就必须说出作为依据的事实；如果要说明未来的目标，就必须基于道德正确的基础进行说明；如果要说明美丽的事物与感动，就必须说出真正能让自己感动的事物。也就是说，我们必须相信真善美，并以此作为与人沟通的前提。只有这样才是能够达成公共领域这个目标的沟通规则。

事实上，人并不是一直都在遵守这个规则的前提下说明事情，而且也无法保证别人能遵守这个规则。可是，当我们无法与别人沟通时，就算说出"没人了解我的心情"这种抱怨的话，也没办法改变任何事情。我们必须抱持着沟通能让现实世界变得更美好的信念。而所谓的学习哲学，难道不就是与别人共享这样的信念吗？

哈贝马斯的思想图

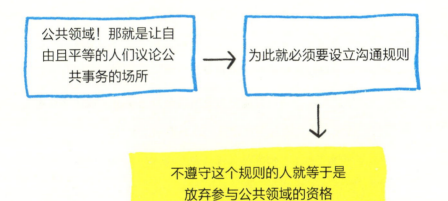

公共领域！那就是让自由且平等的人们议论公共事务的场所 → 为此就必须要设立沟通规则

不遵守这个规则的人就等于是放弃参与公共领域的资格

实用的哈贝马斯思想

近代其实是一个尚未完成的项目

"别人都不了解我的心情！"说这种话的人实在太不成熟了！也许有人会觉得这种想法太过严厉了点。哈贝马斯的研究主题是公共领域，他认为人们必须用能让对方听懂的说法说出自己认为正确的事情。可是，人们有时候也会身处在公共领域之外。

在私领域之中，人们有时候或许会抱怨"别人都不明白我的想法！"，但这种人际关系上的攻防其实并不是一种过错。只不过是因为肩负让众人在其中沟通并建立社会的重责大任的公共领域和私领域不一样罢了。虽然公共领域是近代社会的一个目标，但至今依然未能实现。换句话说，近代其实是一个尚未完成的项目。以日本的情况来说，公共领域不但是从明治时代便发起的一个项目，而且至今也依然是我们努力追求的目标。

Vol.4 西方世界是哲学和历史的主角吗?

我们应该如何看待并思考西方和东方这样的区别呢?

东方只是西方世界所发明的虚构概念吗?

说到"哲学",一般人都会想到西方哲学。东方哲学和日本哲学是相较于西方的一种说法,事实上,"哲学"原本就是用来指称西方思想的词汇。不光是哲学,科学和法律之类的现代学问也都是以西方为中心。日本的明治维新也是一样,亚洲和非洲的近代化运动其实就是西方化运动。

可是,现在已经有人开始对这种以西方为中心的概念进行反省了。其中最有名的人就是出生于巴勒斯坦的美国文学研究家——爱德华·萨伊德(公元 1935 年—2003 年),而"东方主义(Orientalism)"一词也因为他的批判而广为人知。

"Orient"就是"东方"的意思,所以一般人可能会认为东方主义就是东方的喜好或东方学术的意思。可是,所谓的东方只不过是西方的对比。

也就是说,萨伊德认为"东方"这个概念是自认为较为优秀的西方人为了与自己做出对比而发明的虚构概念,并为这个虚构概念加上"东西主义"这样的名称。为萨伊德的这种思想提供灵感的人其实就是西方哲学米歇尔·福柯。福柯所思考的问题是没有当权者存在的权力,以及没有监视体制这种隐而未显的权力,而他也指出了隐藏在"看"这种行为之中的权力。

比如说,我们假设一位日本人用寻找日本人特质的观点"看"某人。这样一来,那人身上"不像日本人"的部分就会被视而不见,并因此夺走那人原本应该具备的能力。虽然这种想法最早可以追溯到尼采，但具体指出这一点的人却是福柯。萨伊德还从说出"东方"这个词汇的西方人观点中找出了同样的支配关系。

详解 哲学年表

公元前	600年	500	400	300	200	公元	100年	200

毕达哥拉斯
公元前 570年左右
未知（公元前 495年左右？）
"毕式定理"

马可·奥勒留
公元 121年—180年
"斯多葛学派""禁欲主义"

苏格拉底
公元前 469年左右—公元前 399年
"自知无知"

柏拉图
公元前 427年—公元前 347年
"柏拉图主义""厄洛斯"

亚里士多德
公元前 384年—公元前 322年
"万学之祖""情感净化"

伊壁鸠鲁
公元前 341年左右—公元前 270年左右
"退避""快乐主义"

毕达哥拉斯 ←—— 人物名

公元前 570年左右 未知（公元前 495年左右？）←—— 生卒年
"勾股定理" ←—— 关键词

奥古斯丁

公元354年—公元430年

" 西方的导师 "

尼科洛·马基雅维里

公元1469年—1527年

"马基雅维里主义"

托马斯·阿奎那

公元1225年左右—1274年

"自然法"

马丁·路德

公元1483年—1546年

"宗教改革"

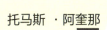

奥卡姆

公元1285年—1347年

"奥卡姆剃刀"

弗兰西斯·培根

公元1561年—1626年

"知识就是力量"

托马斯·霍布斯

公元1588年—1679年

"自然状态"

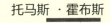

勒内·笛卡儿

公元1596年—1650年

"我思，故我在"
"怀疑的方法"

约翰·洛克

公元1632年—1704年

"社会契约论"

让-雅克·卢梭

公元 1712年—1778年　"重新缔结社会契约""普遍意志"

伊曼努尔·康德

公元 1724年—1804年　"理性的自由"

杰里米·边沁

公元 1748年—1832年　"功利主义"

G·W·弗里德里希·黑格尔

公元 1770年—1831年

"公民社会的哲学""绝对精神"

约翰·斯图尔特·密尔

公元 1806年—1873年

"现代自由主义的始祖"

查理·达尔文

公元 1809年—1882年　"进化论"

索伦·克尔凯郭尔

公元 1813年—1855年　"不安就是自由的后遗症"

卡尔·马克思
公元 1818年—1883年
"共产党宣言"

路德维希·维根斯坦
公元 1889年—1951年 "语言游戏"

卡尔·波普尔
公元 1902年—1994年　"科学哲学" "可反证性"

弗里德里希·威廉·尼采
公元 1844年—1900年
"虚无主义"

让·保罗·萨特
公元 1905年—1980年 "存在主义""他人的目光"

伊曼努尔·列维纳斯
公元 1906年—1995年　"他者的'脸孔'"

托马斯·库恩
公元 1922年—1996年　"典范"

西格蒙德·弗洛伊德
公元 1856年—1939年
"潜意识的哲学"

米歇尔·福柯
公元 1926年—1984年
"现代的权力论"

马丁·海德格尔
公元 1889年—1976年　"'世界'之中的存在"

尤尔根·哈贝马斯
公元 1929年至今　"公共领域"

约翰·罗尔斯
公元 1921年—2002年　"反思的平衡""无知之幕"

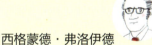

何谓"过更美好的人生"？

所谓的"过更美好的人生"到底是什么意思呢？其实笔者自己也一直思考着这个问题。而且是从开始研究哲学之前就一直思考。至少，在笔者任职于贸易公司时，这个问题就已经成为明确的人生问题了。人生对我而言到底是什么？我又该如何度过这段人生呢？

在反复如此自问的过程中，笔者终于下定决心辞掉贸易公司的工作，经过一番波折才成为哲学家。如果学习哲学的目的是研究如何过更美好的人生，那么哲学家就是必须花一辈子探究这个问题的职业。

曾经有人对笔者说像"你这样每天思考永远不会有答案的问题都不会觉得累吗？"不过，这一点对于任何人来说难道不是都一样吗？因为虽然程度有大有小，但每个人应该都是不断被迫面对自己在意的事或不得不解决的问题才对。以笔者的情况来说，这个问题只不过正好就是"过更美好的人生"罢了。当笔者认真思考"过更美好的人生"这件事的意义之后，便发现世上有不少人们也抱着同样的烦恼。思考该如何才能过更美好的人生这个问题的人并不是只有笔者而已。

于是，笔者决定和大家分享这个问题。其中一个方法就是开设让众人一起学习哲学的"哲学咖啡厅"。为了明白"过更美好的人生"

这件事的意义，笔者才会决定从各式各样的观点来思考人和社会的本质。

此外，另一个方法就是写书。这个方法不同于哲学咖啡厅，能够一口气和全日本的人分享问题。本书不也能算是笔者与众人分享问题的一种手段吗？我们该如何才能过更美好的人生呢？答案当然是见仁见智的。如果本书能帮助各位找到答案，那笔者将会感到莫大的喜悦。

小川仁志